AF453488

EXERCICES

DE

DÉVOTION

EXERCICES

DE

DEVOTION

DE

M. HENRI ROCH

AVEC

MME LA DUCHESSE

DE CONDOR

Par feu M. l'Abbé de Voisenon

de joyeuse memoire

et de son vivant

Membre de l'Academie Francoise

A VAUCLUSE

1786

ÉPITRE

DÉDICATOIRE

A M. JEAN CAMARD.

Vous aimez, Monsieur, les exercices ; ceux que nous vous offrons, pourrons ne pas deplaire à votre goût. C'est sur-tout au galanthomme, à qui nous en faisons hommage.

Il n'appartient qu'à vous, Monsieur, d'avoir dans le cours de votre vie, rendu trois femmes heureuses. La derniere vous chérit, comme si vous étiez de son âge. Après six ans de mariage, elle est encore à s'appercevoir que vous en ayez trente cinq plus qu'elle.

Rien ne baisse en vous. — C'est là une qualité, dont peu de personnes peuvent se glorifier : en ménage votre talent est unique & vous méritez d'être compté dans le petit nombre de ceux qui à soixante ans jouissent encore du double privilege d'être toujours aimable pendant le jour, & toujours jeune pendant la nuit.

Puissiez-vous, Monsieur, conserver long-tems un talent aussi précieux qu'il est rare, & admirer les exercices de M. Henri Roch, comme chaque jour en société ; nous admirons & votre esprit jovial & la fraîcheur de votre teint.

PRÉFACE

DE

FEU M. QUERLON,

Bibliothécaire de M. BEAUJON.

CETTE bagatelle fut trouvée parmi les papiers de feu M. l'Abbé de *Voisenon* ; on y reconnaitra aisément son style. Il la composa quelque-tems avant de passer pour les amusemens de Mademoiselle *Huchon*, sa nouvelle amie, laquelle il avait pris comme le saint Roi *David*, dans sa vieillesse, prit la jeune *Abisag* (*a*) pour le réchauf-

____

(*a*) Tel est l'éloge, que l'historien sacré fait de la jeune *Abisag* de Sunam.

fer. C'était une fille d'une grande beauté ; elle dormait toujours à

Erat autem pulchra, nimis dormiebatque cum rege, rex vero non cognovit eam.

Le St. Esprit, comme on voit, dit que *David* laissa sa virginité à *Abisag*. Nous n'osons en dire autant de M. l'Abbé de *Voisenon* ; nous ne dirons pas non plus que Mademoiselle *Huchon* fût vierge, quand il la prit pour le réchauffer.

Feu M. l'Abbé *Xaupi*, Doyen de la faculté de théologie de Paris, & docteur de Navarre, prétendait que sa Majesté Juive ne prit pour se réchauffer la jeune *Abisag* de Sunam, que faute de bassinoire ; du tems de *David* on ne connaissait point, disait-il, cet instrument ; les moines & les bassinoires étaient, suivant lui, de nouvelle invention.

Le sentiment de l'abbé *Xaupi* sur

côté de lui, & il la laiſſa toujours vierge. (a)

Pour faire de cette bagatelle un ouvrage moral, nous en avons ſupprimé les tableaux trop libres ; nous n'aurions oſé préſenter à des lecteurs honnêtes des hardieſſes que dans ſes goguettes ſe permettait ſouvent feu M. l'Abbé.

---

les baſſinoires excita de grands troubles en théologie. La quille que les géans jetterent dans l'Olympe en s'amuſant, y cauſa parmi les dieux & les déeſſes moins de bruit & de rumeurs.

La Sorbonne demanda une rétractation au Doyen, & il ne voulut point en faire ; elle le menaça de le rayer du nombre de ſes docteurs, & il menaça la Sorbonne de révéler ſon ſecret ; à cette menace les théologiens tremblerent, & la querelle en reſta là.

Nous le trouvâmes un jour fur le chemin de St. Germain ; je defcends , nous dit-il , de Lucienne ; je viens de lire *Sultan Mifapouf* à la belle Comteffe , pendant qu'elle était dans fon bain. " Mon cher Abbé , lui repliquâ-
,, mes-nous , nous vieilliffons l'un
,, & l'autre , & votre conduite eft
,, toujours celle d'un jeune homme.
,, La mort fera de vous ce qu'elle
,, vient de faire de *Voltaire*. Elle
,, vous empoignera lorfque vous y
,, penferez le moins. ,,

Dieu pardonne au défunt , ajoutâmes-nous , mais par fes plaifanteries , il a fait plus de tort à notre fainte religion , que par leurs bons raifonnemens *St. Bernard , St. Thomas , Pierre Lombard , Gam-*

bacurta & M. l'Abbé *Bergier* , que par leurs prédications les Récolets , les Capucins , les Petits-Peres & M. l'Abbé *Beauregard* ; que par leurs bons exemples les Carmes , les Cordeliers & M. l'Abbé *Savatier* n'ont converti de libertins & d'impies.

Quoi ! reprit l'Abbé de *Voisenon* avec cette pétulance , dont il donna si souvent des preuves au foyer de l'Opéra comique. Voltaire a guéri plus de gens à préjugés , que les Curés de Paris & de la *Banlieue* n'ont convertis de catins ; que tous les membres de l'école de Chirurgie n'ont traités de vérolés , & que le Roi de Prusse , lui-même , dans trois guerres qu'il a eues , n'a envoyé chez les morts de Tolpachs , de

houſſards, de pandours & autres
tueurs de cette eſpece.

Cet Abbé, comme on voit, avait
l'expreſſion grivoiſe, & malheu-
reuſement ſa conduite répondait à
ſon langage.

L'an de notre ſalut 1765, il fut
dangereuſement malade. Toutes les
fois qu'on lui parla de recevoir
l'Extrème - Onction, il répondit
toujours qu'il n'aimait pas les huiles
rances, ajoutant, à une réponſe
auſſi peu chrétienne, une *rechi-*
gnade qui faiſait rire tous ceux qui
commençaient à pleurer ſa mort.

Feu M. le Préſident *de Mazi* (*b*),

─────────────────────────────

(*b*) Tout Paris a connu le Préſident
de Mazi. Il était neveu de l'Abbé *Pu-*
celle. Dans les querelles de la bulle

l'orateur le plus énergique qui ait jamais siegé aux enquêtes du Parlement de Paris, aimait beaucoup l'Abbé *de Voisenon*, comme on

———————

unigenitus, il se distingua comme son oncle, par son attachement aux libertés de l'église gallicane, & sur-tout par la trop énergique éloquence avec laquelle, en 1754, il parla dans une assemblée des Chambres. Il fut en conséquence envoyé prisonnier aux isles de sainte *Marguerite*; avec la baguette de coudrier il trouva, ou il prétendit avoir trouvé une source d'eau vive, ce qui est vrai. Jusqu'à lui on n'y avait point encore vu d'eau potable. Tous les prisonniers bénissent & attestent la vertu de la baguette du Président *de Mazi*, comme tous ceux qui l'ont connu à Paris, assurent que de son vivant, sa baguette était très-respectueuse en passant devant les dames.

peut aimer quelqu'un avec qui on a été autrefois en bonne fortune, il sut que son ami était malade & rénitent; il vint le voir & l'exhorter à faire, tant pour l'édification du Clergé de Paris, que pour l'édification de ses maîtresses, ce qu'il convient en ces derniers momens; il obtint d'abord du malade qu'il ferait sa coulpe, & frere *Nicodeme*, Gardien des Capucins du Marais, fut appellé pour la recevoir.

Après cette coulpe, le Président exhorta l'Abbé à se faire apporter le S. Viatique. Je le veux bien, dit le malade, excédé de tant d'importunités, mais je te jure que ce sera la derniere farce que ton amitié me fera jouer. Là-dessus le Président fait avertir un porte-dieu, & se retire, regardant la complaisance de l'ami, comme le triomphe de la grace janséniste, pour laquelle autrefois le fameux Abbé *Pucelle*, son oncle, combattit si courageusement.

Du tems qu'on va à l'église, chercher le S. Viatique, le malade ramasse ses forces, sort du lit, s'habille & va se promener sur les boulevards. " Son portier, qui était
» ivrogne & bon chrétien, lui dit :
» ah ! mon maître, mon bon maî-
» tre vous vous en allez & le *bon*
» *Dieu* va venir. Il ne vous trou-
» vera pas. Lui dirai-je d'attendre.
» Non, répond le malade, tu lui
» diras de *se faire écrire.*

Dans les propos & la conduite

de cet Abbé *de Voisenon*, on ne vit jamais rien qui sentit son membre de l'Académie Française. Aussi ses confreres avouaient-ils qu'il n'avait rien d'académique ; ils n'en parlaient que comme d'un homme frivole, très-léger en croyance, &, comme dit le pieux *Brantome*, *peu propre pour les balances de Monseigneur saint Michel* : c'est ce qu'on verra en lisant les exercices suivans.

LES EXERCICES

DE DÉVOTION

DE

M. HENRI ROCH

AVEC Mme. LA DUCHESSE

DE CONDOR.

M. Henri Roch avait autant de fortes de réputations, qu'il y a de quartiers dans Paris ; au Palais royal on le prenait pour un amateur du beau fexe : aux Thuileries il paffait pour un philofophe. Ses propos, fes liaifons

& la fageffe de fa conduite lui mérite-
rent cet honneur : dans le faubourg
St. Germain on le regardait comme un
dévot. Ce qui lui valut cette réputation dont il ne fe doutait pas , & dont
il n'était pas digne , furent quelques
vifites de bienféance qu'il fit à M. le
duc de *Corgnon* , chez qui fe réuniffaient
les béats & les béates du quartier pour
s'entretenir du prédicateur , du confef-
feur& du faint du jour , du purgatoire ,
du jugement , de la mort , de l'enfer &
de beaucoup d'autres chofes , toutes de
cette efpece & toutes fort amufantes.
Moins M. Henri Roch avait parlé dans
ce tripot qui s'appellait *l'affemblée des
Saints* , plus on l'avait jugé un homme
intérieur , un vrai dévot.

Mᵐᵉ. la ducheffe de Condor qui l'avait
vu dans cette *affemblée* , le fit prier de
la venir voir. Vous êtes , lui dit-elle ,
en le recevant , un homme à bonnes
œuvres , & voilà pourquoi je défire
paffer une journée avec vous. Je fuis

feule, mais tout-à-fait feulé; mon mari eft parti ce matin pour la campagne; mes femmes m'ont demandé la permiffion d'aller au calvaire pour faire leur *bon jour*, & je compte fur vous pour m'aider à faire mes exercices de dévotion.

A ces mots d'exercices & de dévotion, M. Henri Roch fut au moment de dire qu'il n'y entendait rien; mais pendant que Mme. la Ducheffe parlait, il la regardait; il voyait une femme jeune & belle; il la plaignait d'être dévote: mais il admirait en elle deux grands yeux noirs & bleus, qu'elle baiffait modeftement, un front très-découvert & fur lequel régnait en arc deux grands fourcils, que la *Grenée* (1) n'aurait pu mieux deffiner. Ses dents étaient deux rangées de perles. Son teint était auffi frais que celui d'une rofe à demi éclofe. Sous fon mouchoir il foupçonnait deux de ces tréfors, tels qu'on en trouve rarement & tels que n'en ont jamais vu ni M. de *Ruillieres* (2) , ni M. *Greuse* (3) lui-même , qui en a beaucoup vu.

Ce serait-là , pensait M. Henri Roch, une belle conversion à faire ; avec une dévote soyons dévots ; il n'y a pas grand mal à cela ; c'est une petite comédie à jouer ; voyons quel en sera le dénouement. Je ferai , répondit-il, tout ce que Mme. la Duchesse jugera à propos d'ordonner : heureux & très-heureux, si je puis lui être utile !

Ah ! Monsieur , repliqua Madame, que vous êtes honnête ! Les gens d'esprit sont toujours polis. Je m'attendais bien à cette complaisance de votre part , & je vois avec plaisir que je ne me suis pas trompée ; mais je m'apperçois que vous avez bien chaud. — Cela est vrai , Madame , je suis venu un peu vîte. — Pauvre garçon ! J'ai aussi prodigieusement chaud ; mais , si je ne me trompe , vous suez. — Cela est encore vrai. Le tems est lourd &

pefant , & je fuis venu à pied des Thuileries jufqu'ici. — Pauvre garçon !
Vous aurez mes chevaux pour vous
en retourner ; & moi auffi , je fue
horriblement ; vous avez l'air bien
fatigué. — Un peu , Madame ; mais
cela paffera. — Pauvre garçon ! Vous
me faites pitié. Je tremble que vous
ne preniez quelque maladie. Savez-
vous ce qu'il faut faire ? entrez dans
ce petit cabinet ; vous y trouverez
chemifes , robe de chambre , caleçons ,
pantoufles & bas du matin. — Mais ,
Madame . . . . — Quoi ! Madame ! il
faut être dévot & point fcrupuleux.
Allez , mettez-vous à votre aife ; voulez-vous que j'aie à me reprocher de
vous avoir procuré une pleurefie ? Le
mal de la mort ? J'en mourrais de chagrin. Vous en ferez d'ailleurs plus
commodément pour m'aider à faire mes
exercices de dévotion. Nous n'avons
pas à craindre de donner du fcan-
dale , nous fommes feuls. Ne vous

l'ai - je pas dit ? Souvenez - vous - en donc ?

M. Henri Roch obéit, & l'inftant d'après il reparut en robe de chambre. J'aime à vous voir comme cela, lui dit Madame ; avez - vous un peu moins chaud ? Vous êtes-vous bien effuyé ? Ce n'eft pas tout : écoutez-moi ; on m'avait préparé un bain ; je ne veux pas le prendre ; il m'affoiblirait trop. Sans façon, allez-vous mettre dedans. — Mais, Madame. — quoi ! Encore Madame ! Laiffez - vous faire ? Allez prendre ce bain ? Je le veux ; quand vous n'y refteriez que dix minutes, cela vous délaffera , & j'en aurai moins de crainte que vous ne tombiez malade : point de raifonnement, & faites ce que je vous dis.

M. Henri Roch obéit ; il fe rend au cabinet des bains. Ce cabinet était à côté d'un boudoir, où Madame la Ducheffe entra prefqu'auffi - tôt pour changer de chemife. La porte qui était entr'ouverte, laissa à M. Henri Roch la liberté de tout observer. Ses yeux n'avaient encore rien vu d'aussi beau & d'aussi éclatant ; la vérité pouvait assurer de Madame la Duchesse & de toutes les formes de son corps, ce que la fable a raconté de celui de Vénus.

Au sortir du bain M. Henri Roch alla la réjoindre. Avant de déjeûner, lui dit-elle, nous réciterons l'oraison de St. *Chriftophe*, le patron de mon mari. C'eft mon ufage, depuis que je fuis avec lui, & je n'y ai jamais manqué. C'était un grand Saint que ce Saint *Chriftophe* ! dites, cela n'eft-il pas vrai ? — Oui, Madame, & fon époufe devait être une bien grande femme. — Oh ! c'eft ce que je ne fais pas, réplique Madame, en lui préfentant un chocolat délicieux. Le parfum de la vanille dont il était ambré, flattait agréablement l'odorat. Quand l'eftomac eft content, lui difait-elle, on prie Dieu avec plus de dévotion.

Après ce déjeûner reſtaurant, on entra dans le boudoir, qui était d'un ſimple bois d'acajou ; pour tout meuble on voyait dans une niche une ottomane d'un ſatin violet. Les rideaux, les cordons, les galons, les glands, les franges, les houpes étaient aſſortis à ce meuble ; aux côtés de cette niche étaient deux prie - Dieu, garnis de leurs couſſins. C'eſt ici, dit Madame, que nous ferons nos exercices ſpirituels ; & nous n'y ferons point interrompus : perſonne n'y entre ſans être appellé. Tout en donnant cette inſtruction à M. Henri Roch, elle ſort d'une petite bibliotheque les *méditations du révérend Pere Croiſet.*

Avant de commencer notre lecture, dit-elle, récueillons-nous un moment. Voilà votre prie – Dieu, & voici le mien. On ſe met à genoux ; après quelques minutes de recueillement, M. Henri pouſſe un grand ſoupir & s'écrie : *Dieu, qu'elle eſt belle !* De la beauté de qui parlez-vous donc, lui demande Madame la Ducheſſe? Hélas! répond-il, mon eſprit s'eſt élevé un moment juſqu'au ciel ; j'ai cru être avec les anges & contempler avec eux les beautés de la Sainte Vierge ; à la bonne heure, dit-elle ; j'avais penſé que vous vouliez parler de ma beauté ! Je vous en prie, rien de prophane dans nos exercices. Je ne ſuis pas belle, & nous ne ſommes ici que pour prier & pour nous ſanctifier. Dieu nous voit & nous ne devons rien faire ni dire, qui ne ſoit digne de lui. Aſſeyez-vous à côté de moi ; en liſant, vous ne ferez pas obligé d'élever la voix ; vous vous en fatiguerez moins & je vous entendrai mieux. Liſons la méditation des élus dans le ciel ; la petite extaſe que vous avez eue, ſemble indiquer cette lecture.

A peine M. Henri Roch eut-il commencé à lire, que Madame la Ducheſſe l'arrêta & lui dit : fermez un moment ce livre , & avant tout , dites - moi pourquoi , en déjeûnant , m'avez-vous demandé , si la femme de St. *Chriſtophe* était bien grande ? Votre curioſité m'en donne. Quel intérêt prenez-vous à la taille de cette femme? Etez-vous pour les grandes tailles ? Non pas abſolument ; mais vous ſavez , Madame , que St. *Chriſtophe* était très-grand ; & ſi Madame ſon épouſe n'avait eu qu'une taille ordinaire , elle eut été très à plaindre. — Très à plaindre ! — Et pourquoi ? s'il vous plait , dites-moi cela , je vous prie ? — c'eſt que , c'eſt . . . . Madame , je n'en ſais rien. — Quoi ! c'eſt? Vous le ſavez : voulez-vous faire le myſtérieux avec moi? Je veux que vous me l'appreniez. — C'eſt, Madame , c'eſt que . . . je ne m'en ſou-viens plus. — Encore ! c'eſt qu'il faut s'en ſouvenir & me le dire ſur le champ. — C'eſt que , c'eſt . . . . comme l'on dit , c'eſt qu'il faut que chacun ait chauſſure à ſon pied. — Pauvre garçon!

que vous êtes innocent ! & quel rap-
port entre un pied avec sa chauffure,
& S. *Chriftophe* avec sa femme ? Dites-
moi ce que vous entendez ; car je ne
vous comprends pas. Voilà mon pied
& mon foulier ; expliquez-vous.

M. Henri Roch, en dévot bien appris, ~~————————~~ met ~~——~~ fes gands,
leve les yeux au ciel, & prenant
enfuite le pied de Madame la Ducheffe, il parle ainfi : Ce pied eft très-
petit; le foulier l'eft auffi, quoiqu'il
vous foit un peu trop grand. —Vous
avez raifon, Monfieur, il m'eft beaucoup, mais beaucoup trop grand.
—Cependant Madame, malgré cette
différence, l'un femble fait pour
l'autre ; mais fi ce foulier n'étoit pas
plus grand qu'une noix, vous ne
pourriez vous en fervir. Il en eut
été de même de S. *Chriftophe* à l'é-
gard de fa femme, fi elle.... Je vous
entends, répart Madame, n'en dites
pas davantage ; fachez feulement que

Dieu ne laiſſe pas ſes Saints dans l'embarras, & qu'il fait des miracles pour eux. Il en eut fallu, dit M. Henri Roch, un bien grand pour....!_ Commençons notre lecture ſpirituelle.

CHAPITRE III.

De la Félicité des Elus.

Ier. POINT.

« L'ESPRIT humain eſt trop foible
» pour comprendre les délices que
» produira dans un bienheureux, la
» poſſeſſion de Dieu. Les joies humai-
» nes ne ſont rien en comparaiſon
» des joies céleſtes. Ce ne ſont que
» des goutes de cet océan, où l'on ſera
» plongé, de légeres étincelles de ce
» feu dévorant dont on ſera embraſé!
» Dieu, en ſe communiquant à un
» bienheureux, l'unira tellement à ſon
» être, qu'il entrera en participation de
» ſes grandeurs & de ſa ſouveraine féli-

» cité ! Sa possession excitera dans l'ame
» des élus des transports divins, des ra-
» vissemens d'une sainte volupté ; com-
» me un torrent impétueux, il les
» remplira, il les rassasiera, les em-
» brasera, les énivrera d'amour & de
» plaisir : *saturabuntur, inebriabuntur.* »
Arrêtez un moment, Monsieur, lui
dit Madame la Duchesse, faisons quelques pieuses réflexions là-dessus. Le
paradis doit être quelque chose de
bien beau ! Les délices des Saints
doivent être bien délicieuses ! qu'en
pensez-vous ? N'avez-vous jamais eu
l'envie d'en goûter ? —Ah ! Madame,
que le tems me dure de m'en eni-
vrer ! —Mais Monsieur, vous figurez-
vous ce que peuvent être ces plaisirs,
ces saintes voluptés, ces ravissemens
divins, ces extases célestes ? Pourriez-
vous imaginer quelque chose pour en
faire une légere comparaison ? J'ai
entendu dire, répond M. Henri Roch,
en baissant les yeux & la voix, que

ces plaisirs ressemblent à ceux qu'une jeune femme bien amoureuse peut trouver dans les bras d'un mari jeune, frais & vigoureux. Madame en doit savoir quelque chose! Moi! replique-t-elle, non, en vérité, je n'en sais rien du tout. Je n'ai jamais été amoureuse de mon mari; j'ai vingt ans, je n'en avais que seize lorsque je l'épousai, & il en avait cinquante-huit. Je n'ai jamais trouvé grand plaisir avec lui. Continuez à lire, ces délices des élus me font un grand plaisir.

M. Henri Roch reprend le livre; mais en lisant il ne perd pas de vue Madame la dévote, il voit son visage se colorer & s'enflammer insensiblement; ses yeux, à demi fermés, sont tournés & fixés sur lui, des soupirs entrecoupés s'échappent par intervalle de sa bouche. Ah! Monsieur Roch, s'écrie-t-elle, arrêtez, je n'en puis plus, ces délices du paradis me donnent des vapeurs; que vais-je devenir?

Je m'en fens fuffoquée. Ne m'aban-
donnez pas, il me faudroit de l'air.
De grace & au nom de Dieu, ôtez
mon mouchoir du cou, fur-tout ne vous
fcandalifez pas des horreurs que vous
verrez. M. Henri Roch écarte ce mouchoir, & ces horreurs qu'on craint de
montrer, font deux globes d'albâtre.
Leur blancheur eft celle des lys, & leur
douceur celle du fatin. A la vue de ces
merveilles les fens de M. Henri Roch
s'embrafent, & les yeux de Madame
aux vapeurs font entiérement fermés.
Elle ne s'apperçoit de rien. Peut-être
même dans l'état de trouble & de pa-
moifon où elle fe trouve, s'imagine-t-
elle commencer à goûter les délices des
élus.

M. Roch, dit-elle d'une voix foible & mourante, je vous demande
pardon de tant d'embarras, mais je
fouffre cruellement. Ayez la charité
de m'aider à me déshabiller, ce n'eft
que fur mon lit que je puis trouver
du foulagement.

La promptitude & la dextérité avec laquelle M. Henri Roch travaillait, femblait dire à Madame la Duchesse qu'elle n'était point la premiere femme qu'il mettait au lit ; elle était couchée, & les vapeurs n'allaient qu'en augmentant. Ah ! mon mari, difait-elle, mon bon mari, fi vous étiez ici, vous me feriez d'un grand fecours ! Dites-moi, Madame, demande M. Henri Roch, ce qu'il ferait, afin que pour vous guérir je puiffe le faire ? Je me meurs de douleur de vous voir dans cet état. — Je n'ofe, M. Roch, vous le dire. — Dites, Madame, dites, je vous en conjure, & fi votre guérifon dépend de moi, vous pouvez compter fur tous mes foins. —Vous craindrez peut-être d'offenfer Dieu. —Dans le trifte état où eft Madame, il ne s'agit point d'offenfer Dieu, mais de vous empêcher de mourir. —Lorfque j'ai des vapeurs, mon mari fait l'œuvre de Dieu dans mon jardin ; s'il n'y

avait

avait point de péché à prendre fa place ?—
Ah ! Madame, le péché eft une chofe
horrible. Ecoutez, M. Roch, pour
qu'il n'y ait point de péché, offrez-le à
Dieu comme un acte de charité & de
dévotion. Faites-le pour l'amour de
lui ; ôtez, mon cher, vos caleçons pour
n'être pas gêné. C'eft une croix que
Dieu vous envoye, embraffez-la de bon
cœur, elle vous fanctifiera. Vous le
favez, mon cher, car vous êtes gran-
dement dévot, que ce n'eft que par
les peines & les croix qu'on arrive
aux plaifirs du ciel.

Pas n'eft befoin, je penfe, de dire
la ferveur avec laquelle M. Henri Roch
embraffa fa croix. *Deo gratias*, M. Roch,
lui dit Madame la Ducheffe, votre
remede eft excellent pour les vapeurs,
& Dieu ne laiffera pas fans récom-
penfe, un dévot qui travaille avec autant de ferveur que vous ; mais ne
vous en allez pas encore, car mes
vapeurs peuvent revenir. Sans vous

B.

je ferais peut-être morte , & peut-être
damnée , car il y a huit jours que je
ne me fuis pas confeffée. Lorfque ces
vilaines vapeurs me prennent , elles du-
rent plufieurs heures de fuite & re-
viennent à plufieurs reprifes ; grace à
votre remede , je n'en ai jamais eu de
crife auffi courte que celle que je viens
d'éprouver.

Je vous avoue , Monfieur , qu'en
vous recevant ce matin , je ne m'attendais pas à vous donner un fi grand
embarras : j'en fuis confufe , mais
vous qui êtes dévot , vous favez que
c'eft Dieu qui , à fon gré , donne la
fanté & la maladie ; il a mis la maladie
en moi , & le remede en vous. La
maladie eft une croix que Dieu m'envoye. Cette croix eft un arbre de vie
pour qui l'embraffe avec joie (4).
Heureux celui qui eft fortement attaché
à cet arbre de vie.

M. Henri Roch bien réfigné à cette
fublime morale , ne répond rien , mais

sentant un redoublement de dévotion, il s'unit de nouveau, & plus fortement que jamais, à l'arbre de vie. Votre dévotion est grande, Monsieur, lui dit Madame, aussi-tôt qu'elle peut parler; pour guérir, j'ai fait quatre neuvaines à l'églife des grands carmes; j'en ai fait autant à la chapelle de l'immaculée Conception, qui est chez les grands Cordeliers : pendant un an j'ai porté le scapulaire de la sainte Vierge, & le cordon de S. François. J'ai fait dire deux mille messes chez les Religieuses de la Conception : j'ai envoyé vingt-deux fois à dîner aux RR. PP. Capucins, & pendant tout un carême à collation aux RR. PP. Récolets. Rien ne m'a réussi. Mes vapeurs ne m'ont point quittée, & les crises sont plus violentes que jamais. Mon mari fait bien ce qu'il peut; mais le pauvre homme ne peut pas grand'chose ; il est âgé & son remede m'est presqu'inutile.

J'ai peur, M. Roch, que mes vapeurs me reprennent : prévenons le
mal , encore une fois pour l'amour de
Dieu , mais ne péchons pas. J'aimerais
mieux mourir : faifons pendant le remede un acte d'amour de Dieu : difons-
lui tous deux enfemble que nous l'ai-
mons de tout notre cœur , de toute
notre ame , & fur-tout de toutes nos forces : c'eft ainfi qu'il mérite d'être aimé.

Quand ces actes d'amour furent
achevés ; voyez , dit-elle à M. Henri
Roch , à quel danger une jeune femme
eft expofée avec un vieux mari ; con-
venez que je fuis à plaindre. Pour être
dévote on n'eft pas infenfible , on fent
des befoins comme celles qui ne le
font pas. Mon mari eft bien un honnête homme , mais je ne l'ai que,
parce qu'au fortir du couvent on me
le fit époufer : c'eft un homme de
Dieu , un vrai dévot. Mon pere & ma
mere font auffi dévots : ils m'ont élevée
dans la dévotion. En me mariant à un

jeune homme, ils craignaient d'expofer mon falut. Je ne dois pas leur en favoir mauvais gré. Ce qu'ils ont fait c'eft pour mon bonheur, & ils fe font trompés, car lorfque j'ai des vapeurs, je n'en fuis pas moins à plaindre; & fans la charité que vous avez eue, je rifquais de mourir feule & fans recevoir mes facremens. C'eft Dieu lui-même qui m'a infpiré de vous prier de venir aujourd'hui m'aider à faire mes excercices de dévotion. Il n'a pas voulu me laiffer mourir fans m'être confeffée. Je l'en remercie & vous auffi.

Puis-je, M. Roch, vous demander un fervice? Ecoutez : ces crifes de vapeurs me prennent jufqu'à fix ou fept fois, & les dernieres font toujours plus fortes que les premieres. Pour les prévenir ne pourrait-on pas? . . . . Je fuis bien fûre qu'alors j'en ferais quitte. Si cela ne vous faifait point trop de peine, je vous demanderais

le remede une troisieme fois (5) : afin
d'éviter toute idée de péché & de
plaifir défendu, voici ce que je ferai :
je m'imaginerai que c'eft mon mari
qui, pour me guérir, fait l'œuvre de
Dieu dans mon jardin. Lorfque vous
aurez achevé ma guérifon, nous re-
prendrons nos exercices de prieres :
nous ferons une feconde lecture fpiri-
tuelle, & un peu d'oraifon mentale.

Pendant que Madame la Ducheffe
parlait ainfi, M. Henri Roch s'arran-
geait en fes bras, & commençait l'œuvre de Dieu. Cette œuvre était à
peine achevée que Madame, reprenant
vie & parole, lui demande : fans cu-
riofité, M. Roch, comment appellez-
vous ce qui me guérit. —Cela s'appelle mon cœur. —Quoi c'eft là votre
cœur ! Je ne l'aurais jamais cru. Ah !
Monfieur, que votre cœur eft bien
fait pour le mien ; & je vous affure
que fi nos cœurs étaient toujours enfemble, je ne ferais jamais malade.

Sans compliment ce cœur eſt un remede ſouverain à mon état. Je me
trouve beaucoup mieux, & nous nous
leverons pour continuer nos excercices
de dévotion.

Au ſortir du lit on rentra dans
le boudoir pour reprendre la lecture.
Je ne veux plus, dit Madame, du
paradis : ce ſont ſes délices qui m'ont
jetté dans cet horrible état de vapeurs, & leſquelles, ſi vous n'aviez
été avec moi, m'auraient peut-être
ſuffoquée. Au lieu de lecture nous ferons un moment d'oraiſon; mais quel
en ſera le ſujet ? Les feux de l'enfer,
dit M. Roch. — Point de ces feux, je
vous en prie, replique-t-elle, c'eſt
un ſujet trop chaud pour le tems
qu'il fait ; méditons plutôt ſur les
vains plaiſirs du monde.

Chacun ſe met à ſon prie-Dieu &
l'oraiſon commence. M. Henri Roch
riait doucement de ſon avanture, ſe
diſant en lui-même : un plaiſir qu'on

cherche nous fuit des années entieres ; un moment arrive, & fans nous y attendre, nous trouvons ce que nous avons défiré fi fouvent, fi ardemment & fi inutilement ; il était feulement fâché que ce plaifir lui eût fi peu coûté. Tout en faifant ces réflexions, il voit le long du rideau une efpece de fouet ou de difcipline, dont les cordes treffées avec de la foie violette & des fils d'argent, étaient remplies de gros nœuds. L'idée lui vint de donner ou de faire donner la difcipline à la belle dévote aux vapeurs. Ah ! pécheur, s'écria-t-il, malheureux que je fuis ! je me fuis peut-être damné ! Quoi ! dit Madame, damné ! vous ! Eh ! comment ? pourquoi ? vous avez fait une œuvre méritoire. Vous avez rappellé à la vie une jeune femme qui fe mourait fans vous ; vous avez même le mérite de l'avoir fait de bonne grace & fans vous faire prier ; il n'y a rien là qui puiffe damner, fur-tout

par

par les sages précautions que nous avons prises. Savez-vous, mon cher M. Roch, que je serais très-fâchée que fussiez damné, sur-tout en ce tems-ci où il fait une chaleur excessive; mais je n'en crois rien. N'est-ce pas pour l'amour de Dieu que vous avez dissipé mes vapeurs? N'avez-vous pas rapporté à Dieu le plaisir que vous avez goûté, si toutefois vous en avez goûté? — Hélas! oui, Madame, j'en ai goûté un bien grand, un plaisir céleste, incomparable, un plaisir des anges, & qui n'était pas fait pour un misérable & chétif pécheur comme moi. Je crains de ne l'avoir pas entiérement rapporté à Dieu, & de m'être un peu damné quand vous me pressiez dans vos bras; quand mes mains pressaient votre sein, ce sein le plus beau que le ciel ait peut-être jamais formé. Je n'en suis pas bien sûr, mais je crains de m'être oublié dans certains momens de transf-

C

port , & d'avoir tout-au-moins commis quelques péchés véniels. Si j'avais une difcipline je m'en déchirerais les épaules , pour expier les fautes que je puis avoir commifes en travaillant à votre guérifon.

Voilà, dit Madame , une difcipline, mais j'ai regret que vous vous puniffiez pour un péché dont vous n'êtes peut-être pas coupable. Pendant que vous ferez cet exercice de pénitence, & afin que Dieu vous pardonne , je dirai le *Te Deum*. Si je croyais que cela lui fût plus agréable de le chanter, je le ferais de bon cœur : je ne fais pas la mufique ; mais d'ailleurs j'ai la voix affez jufte & affez jolie. Ah ! Madame, dit M. Henri Roch , le chant a bien une autre vertu que la fimple priere, & voilà pourquoi , pour appaifer Dieu, on chante toujours à l'églife & à l'o-péra.

M. Henri Roch prend la difcipline, & Madame la Ducheffe commence par entonner le *Te Deum* ; mais ayant achevé le premier verfet, elle s'écrie : arrêtez, Monfieur ; vos fcrupules allument les miens. Si vous avez péché, c'eft moi qui en fuis la caufe ; c'eft à moi à m'en punir, & fi le plaifir damne, je dois craindre de l'être, car j'en ai goûté un bien délicieux. Je crains, comme vous, de ne l'avoir pas entiérement rapporté à Dieu ; je confeffe qu'en recevant vos careffes, fur-tout lorfque nos cœurs étaient enfemble, j'ai eu certains momens de diftractions, où je ne penfais pas à Dieu. C'eft par vous que le plaifir & la guérifon me font venus ; c'eft auffi par vous qu'il faut que le châtiment m'en arrive ; prenez cette difcipline, frappez-moi. En parlant ainfi, Madame la Ducheffe s'abouche fur une ottomane, en criant : puniffez, Monfieur, puniffez une péchereffe.

A la vue de tant de beautés, M. Henri Roch tombe à genoux, je me recueille un moment, dit-il, pour offrir à Dieu, & pour le prier d'avoir pour agréable la sainte action que je vais faire. C'est dans cette attitude qu'il observe en détail des charmes, dont le moindre, comme l'on dit, ferait pâmer le pape & ses soixante & dix cardinaux. La lune en son plein a moins d'éclat. Le marbre n'est pas plus ferme & le satin est moins agréable au toucher ; une douce carnation semble l'animer ; deux petites fossettes l'une sur chaque *joue*, font des agrémens qu'il est rare de trouver ; au tour de ces charmantes fossettes sont vingt petites veines d'azur, qui se croisent en divers sens, descendant le long de deux colonnes, sur lesquelles, pour les arrondir & les perfectionner, la nature semble avoir épuisé toutes ses ressources. L'art ne fit jamais rien d'aussi beau. Pardon, Madame, dit M. Henri Roch ; mes yeux sont éblouis, est-ce lui ? Oui, s'écrie-t-elle, c'eſt lui-même, frappez-le & frappez fort.

Il me vient, dit à ſon tour, M. Henri Roch un ſcrupule, ce n'eſt pas lui qui eſt coupable, & je crains de punir un innocent ; non en vérité, je n'en ferai rien ; je ne le frapperai pas. C'eſt à moi à me punir & non pas à vous, qui êtes une ſainte, & qui êtes malade. Oui, je veux me déchirer les épaules : arrêtez, s'écrie encore Madame la Ducheſſe, en ſe levant tout-à-coup, de grace modérez vos douleurs. Les remords, dont vous êtez tourmenté, me font pitié ; ſi abſolument vous voulez vous punir, ce ſera moi qui ferai chargée de ce pieux office, car je ne veux pas que dans votre déſeſpoir, vous vous puniſſiez plus qu'il ne faut. — Puiſque, Madame veut avoir cette bonté, je la ſupplie de ne pas m'épargner, & s'abouchant à ſon tour, il préſente à la belle dévote un dos ferme & nerveux ; c'étoit celui d'*Hercule*.

A l'afpect de ce vifage & de fes belles dépendances, favez-vous, lui dit Madame, que j'ai le même fcrupule que vous ? Je crains auffi d'offenfer Dieu, en puniffant un innocent. Pourquoi, en effet le maltraiter pour un plaifir qu'il n'a pas eu ? Levez-vous, & s'il faut que juftice fe faffe en ce monde pour l'éviter en l'autre, avifons enfemble aux moyens de punir les parties coupables.

Savez-vous auffi, ajoute-t-elle, que c'eft une chofe horrible que le vifage d'un homme, & que la vue du vôtre fait fur moi le même effet, que les délices des élus, qu'il excite mes vapeurs ? Ce n'eft pas un menfonge, car pour tous les biens du monde, je ne voudrais pas mentir ; mais je fens en moi un je ne fais quoi, qui me préfage quelques malheurs, fi à bonne heure nous n'y mettons ordre : ne pourrait-on pas, mon cher Monfieur, appliquer le remede avant que le mal arrive ? C'eſt, comme quand on ſe purge pour prévenir la fievre. Dieu, qui eſt bon, ne le trouve pas mauvais ; ſoyons ſeulement attentif à ne pas avoir de diſtractions ; & pour cela, pendant tous le tems du remede, nous ferons de concert, & ſans nulle inter-ruption des actes d'amour de Dieu ; je dirai pour *l'amour*, & vous répondrez *de Dieu* ; c'eſt comme quand on fait une priere enſemble, elle en eſt plus agréable à Dieu ; ce ſera auſſi le moyen de ne pas nous damner en faiſant une bonne œuvre.

Madame la Ducheſſe, tout en diſant ces belles choſes, ſe laiſſe tomber ſur l'ottomane, &, ſans perdre du tems, commence à dire pour *l'amour*, & M. Henri Roch de ſon côté à répondre *de Dieu*. Quiconque eût écouté, eut pendant une demi-heure entendu ce pieux concert pour *l'amour de Dieu* — *pour l'amour de Dieu* — *pour l'amour*, *pour l'amour*, *pour l'amour* — *de Dieu*, *de Dieu*, *de Dieu*.

Ces actes d'amour finirent par un profond silence, que Madame la Duchesse rompit pour annoncer qu'elle n'avait point eu de distractions : je me sens mieux , dit - elle ; je me crois même entiérement guérie , à moins que je ne me trompe ; ce qui m'arrive quelquefois , & je fais mille remercîmens à M. Henri Roch de toutes les peines qu'il a pris pour ma guérison & pour mon salut.

Et moi , Madame , reprit-il , je suis enchanté d'avoir contribué à l'un & à l'autre. Si vous le trouvez bon , j'irai me mettre un moment dans votre bain. Je suis ravie , répond Madame , que l'idée vous en soit venue ; je voulais m'y aller mettre , mais j'aime beaucoup mieux que ce soit vous. Cependant , si sans offenser Dieu nous pouvions y être tous deux ensemble ? N'y aurait-il pas quelque péché à cela ? Je pense pourtant que non , car cela peut être regardé comme la suite néceſſaire à une parfaite guériſon.

Ce raiſonnement demeura ſans replique, & lorſque M. Henri Roch fut
dans le bain, Madame la Ducheſſe ſe
plaça ſur lui, nous ne ſommes pas
trop bien, dit-elle ; mais il faut ſavoir
ſe gêner pour une bonne œuvre. On
n'eſt pas en ce monde pour avoir
tous ſes aiſes ; actuellement que nous
ſommes tranquilles, diſons les joies,
ou *les ſept alégreſſes de la Sainte Vierge*.
C'eſt une de mes dévotions du matin.
Je les fais par cœur, & vous pourrez
les dire tout bas, pendant que je les
réciterai tout haut.

Notre dévote avait à peine commencé cette ſainte priere, qu'elle ſent
remuer ſous elle le cœur de M. Henri
Roch : elle craint de le bleſſer ; pour
éviter cet inconvénient, ainſi que les
diſtractions qui pourraient en être la
ſuite, & tout en continuant, *comme
ſi de rien n'etait*, les joies de la Vierge,
elle prend ce cœur & le met avec le

fien. Les joies n'étaient pas encore finies, qu'elle crie : ah M. Roch ! qu'eft donc devenu votre cœur ? Il n'eft plus avec le mien.

Madame, répond-il, il eft écrit dans Ifaïe : *Et juvenes in informitate ca-dunt* (a). La vigueur de la jeuneffe a fes affoibliffemens. *Jérémie* de fon côté a dit : *Et Sol occidit dum adhuc effet dies* (b) ; & le Soleil fe couche quelquefois en plein midi. Ce que les prophetes ont annoncé, doit arriver. Je fuis fâchée, reprend Madame, que les prophetes aient annoncé des chofes comme celles-là. — Il faut, Madame, fe réfigner, & n'être fâchée de rien. Quel homme eft en droit de demander à Dieu pourquoi il fait ceci, & pourquoi il fait cela ? Dieu eft maître & il fait dire à fes prophetes ce qu'il lui plaît ; d'ailleurs mon cœur fait que

____

(a) Chap. 40 v. 30.
(b) Chap. 15 v. 2.

vous êtes guérie. Eſt-ce qu'il ſe connait à cela ?—Sans doute, Madame, qu'il s'y connait ; penſeriez-vous qu'il agit en aveugle? le prenez-vous pour une bête ? — Non-certainement. — Vous le prenez donc pour un étourdi, de ne pas ſavoir ce qu'il fait. — Encore moins ; mais je ſuis affligée de le ſavoir ſi triſte, je l'aime bien mieux quand il eſt un peu en colere. Il n'eſt pas triſte, replique M. Henri Roch, mais il dort & tel eſt ſon uſage, lorſqu'il a travaillé ſept heures de ſuite. — Quoi ! il y a donc ſept heures que nous ſommes enſemble! Que le tems paſſe vîte quand on fait de bonnes œuvres ! Sortons promptement d'ici ; car mes femmes, qui ont été au Calvaire faire leurs dévotions, doivent être de retour.

On était à peine habillés, que les femmes arriverent : on ne leur parla point des vapeurs qu'on avait eues ; mais on les gronda fortement de s'être

faites attendre , quoiqu'on ne les
euſſe pas attendues ; enſuite on demande à dîner.

Nous ne parlons point de ce dîner :
nous n'écrivons que pour des dévots
& non pour des gourmands : nous
ne devons entretenir nos lecteurs que
de ce qui peut les édifier , & pour cela
en ſortant de table, nous entrerons
avec Madame la Ducheſſe , & M.
Henri Roch dans le ſallon de com-
pagnie , & nous nous édifierons en
écoutant leur converſation , qui ne
roula que ſur des ſujets de piété. Madame en fit preſque tous les frais : elle
vanta beaucoup les talens de M.
Henri Roch pour les exercices de dévotion , & ſa charité active & la
bonté de ſon remede pour les vapeurs.
Les communions, les ſaluts, les con-
feſſions eurent leur tour , ainſi que
les ſermons , les indulgences & les
confeſſeurs.

M. Henri Roch , qui avait de bonnes intentions , se prêtait discrétement à ce langage ; à la vérité c'était de l'ennui pour lui ; mais cet ennui avait été payé d'avance par tous les plaisirs qu'il avait eu dans la matinée. Sur les cinq heures il parla de se retirer. Il est encore à bonne heure , lui dit-elle ; où voulez-vous donc aller ? Est-ce aux incurables ou à la charité pour visiter les malades ? Faites-vous quelque neuvaine ? Est-ce à notre Dame , ou à St. Sulpice ?

Non , Madame , répond-il , je vais à la comédie. A la comédie ! eh ! comment osez-vous aller à la comédie ? Vous risquez de ne point avoir l'absolution. Ce mot de comédie me fait frémir. Vous irez donc à pied ? Car je ne puis vous prêter mes chevaux. Ils ont été ce matin en dévotion au Calvaire avec mes femmes ; & il serait indécent que ce soir ils allassent à la comédie. Croiriez-vous que de ma vie je n'ai vu , ni lu aucune de ces abominables comédies ? Il eſt vrai que très-ſouvent j'ai été tentée d'en voir au moins une, pour ſavoir ſi cela eſt auſſi criminel qu'on le dit ; peut-être même que ſi ma curioſité était ſatisfaite, je ſerais pour jamais délivrée de cette tentation. J'ai entendu dire par le précepteur d'un petit frere que j'avais, que les *démoniens* (6) pour inſpirer aux jeunes gens l'horreur du vin, leur montraient un homme ivre : il en doit être de même de la comédie : qui en voit une, ne doit plus être tenté d'en voir. Comment pourrions-nous faire pour y aller, & que mes femmes & mes gens ne le ſuſſent pas ? Nous pourrions, je penſe, aller au jardin du Luxembourg. Nous entrerions par la petite porte, & nous ſortirions par la cour du château. Mes gens, ni mes chevaux ne s'appercevraient de rien.

Ce petit projet d'indévotion fut exécuté avec toute la prudence convenable pour ne scandaliser ni les uns ni les autres. On donnait *Alzire*. Pendant toute la représentation notre dévote versa des larmes. Vingt fois elle dit, que cela est beau ! il est dommage que cela soit défendu. Au cinquieme acte elle crut entendre un beau sermon. *Massillon*, le pathétique, l'éloquent *Massillon* lui paraissait moins beau. Les peres *Elisée* & l'*Enfant* n'avaient, selon elle, rien prêché d'aussi sublime. *Bourdaloue* l'avait toujours ennuyée, & l'abbé *Beauregard* la faisait toujours bâiller. Ce qui sur-tout lui fit un plaisir extrême, fut de voir pleurer tout le monde & de ne voir dormir personne. Voilà, disait-elle, ce que je n'ai jamais vu à l'église pendant le plus beau sermon.

Après le spectacle on rentra dans le jardin du Luxembourg. Madame la Duchesse, toute émerveillée de ce qu'elle avait vu & entendu, demande quel est le divin auteur de cette piece. C'est

Voltaire, répond M. Henri Roch. — Mais j'entends parler de ce Voltaire comme d'un scélérat. Tout le monde me dit qu'il est damné. Je l'ai entendu dire par mon pere qui a beaucoup d'esprit, par mon mari, qui n'en manque pas, quoiqu'il ne vaille pas grand'chose pour les vapeurs, par Madame la Maréchale de *Globroi*, qui entend deux messes par jour. Et mon confesseur m'a souvent répeté ce que j'ai toujours entendu dire de ce *Voltaire*. Comment un damné peut-il dire de si belles choses ?—Madame, Paris est rempli de damnés, qui parlent beaucoup mieux que les Saints. — Comment appelle-t-on cette comédie ? — Ce n'est pas une comédie. C'est une tragédie. — Qu'est-ce donc qu'une comédie ? — Demain on en donne une qui s'appelle le Tartuffe. — Oh! dit Madame, avec vivacité, je veux voir cette comédie du *Tartuffe*, & s'il n'y a pas plus de mal qu'à la tragédie, j'en

parlerai

parlerai au pere *Hilarion* mon confeffeur , & lui demanderai la permiffion
d'y venir fouvent , parce que je ne m'y
ennuye pas.

Pendant ce petit colloque paffa une
dame de la connoiffance de M. Henri
Roch, qui lui dit : j'entends M. Roch ;
Le verra-t-on ce foir ? Je ferai , Madame , répond-il , mon poffible pour
avoir cet honneur-là. Eft-ce que , lui
demande Madame la Ducheffe , vous
ne viendrez pas fouper avec moi ? Je
vous en prie , & ne tardons pas à nous
retirer. Pour fanctifier notre chemin ,
& pour qu'il n'arrive aucun accident
à mes chevaux , nous dirons notre cha-
pelet.

En entrant à l'hôtel , Madame demande à fouper ; & lorfqu'on fût levé
de table , elle alla avec M. Henri Roch
fe recueillir dans fa chambre à coucher.
Sur les onze heures il voulut prendre
congé d'elle. — Quoi , fi promptement !
Mais il n'eft pas tard ; vous voulez ,

peut-être, aller chez cette dame, qui
vous a falué au Luxembourg ? Pre-
nez-y garde ; je ne l'ai pas vue, mais
elle n'a pas le ton dévot : a-t-elle des
vapeurs ?—Je ne le crois pas ; les femmes qui ne font pas dévotes, en ont
rarement. Puifqu'il en eft ainfi, con-
tinua Madame, je vous demande la
préférence. Je fuis malade, vous le
favez, & il n'y aurait point de charité
de m'abandonner, après m'avoir vu
dans l'état affreux, où j'ai été réduite
ce matin. Je frémis de crainte, en
penfant que toute la nuit je ferai feule,
expofée à mourir, après avoir été à la
comédie ; ce qui m'avait été défendu
par mon confeffeur. Je fais bien que
je n'y ai point fait du mal ; mais c'eft
une grande offenfe de Dieu de faire ce
qu'un confeffeur défend. Je fuis certaine que fi, pendant cette nuit, mes
vapeurs me reprennent, j'en mourrai,
& que je ferai damnée. Seriez – vous
bien aife de me voir brûler en enfer

avec des démons & des gens que je ne connoîtrais pas ? Eh bien, en vous en allant, vous m'expofez au danger de la mort & d'une damnation éternelle. Il n'y aurait pourtant pas de difficultés, fi vous vouliez paffer ici la nuit ; vous auriez ïa chambre & le lit de mon mari. Pour qu'on ne s'apperçoive de rien, vous n'avez qu'à fortir tout à l'heure de l'hôtel, dans dix minutes vous rentrerez par la petite porte du jardin, dont voilà la clef ; c'eft par-là que je fois tous les matins lorfque je vais à la meffe, & vous remonterez par l'efcalier du cabinet des bains.

Mais, Madame, nous fommes jeunes, dit M. Henri Roch, ne ferait-ce pas s'expofer à la tentation en couchant fi près l'un de l'autre ? Non, non, réplique-t-elle vivement. Je répons de moi, ma dévotion met en fûreté ma vertu. Ce que j'en fais, c'eft feulement par une fage précaution contre la mort & contre la peur d'être damnée, après avoir été à la comédie. Quand il s'agit de son salut éternel, les précautions les plus sages sont toujours bonnes à prendre : allez & revenez promptement, je vais appeller mes femmes pour me déshabiller, & je ne commencerai pas ma priere que vous ne soyez arrivé : nous la ferons ensemble.

M. Henri Roch sort. Madame sonne : les femmes de chambre arrivent. Madame, lui demande celle qui ce jour-là était en faveur, est-elle un peu contente de M. Henri Roch ? Oui vraiment, répond-elle, & même beaucoup. Il entend à merveille à faire les exercices de dévotion. Je le vois, dit l'une, tous les Dimanches à la grande messe de S. Sulpice ; à l'église il ressemble à un ange. Et moi, dit l'autre, je le vois aux Récolets, toutes les fois qu'il y a bénédiction & salut : il a l'air d'un prédestiné. Il se trouve, dit la premiere, à tous les sermons du Pere Elisée, & Madame doit l'y voir souvent. Vous êtes, ma mie, lui réplique sa maîtresse, un petit oison : pensez-vous que quand j'écoute un prédicateur, je m'amuse à regarder les jeunes gens qui sont à l'église. J'ai ma foi bien besoin de ces Messieurs là ! Avez-vous prié pour moi au calvaire ?

Oui, Madame, répond l'interrogée, j'ai demandé à Dieu qu'il vous rende un peu moins dévote, afin que vous vous amusiez davantage, & que vous ne nous grondiez pas si souvent ; parce que cela nous fait faire notre service tout de travers, & que cela vous fait à vous un très-grand mal. Moi, Madame, dit la seconde, j'ai récité quatre fois l'oraison de Sainte Brigitte, pour que Dieu vous fasse accoucher heureusement. Pour accoucher, reprend la maîtresse, il faut être grosse : allez - vous - en vîte,

allez , vous êtes trois petites fottes.
Je n'ai pas encore fait ma priere , &
je me mettrai au lit fans vous.

Les femmes fortent , & M. Henri
Roch ne paraît point : dans l'impatience
de le revoir on defcend au jardin , &
on le trouve fe promenant fous un
berceau de jafmins & de chevre-feuilles.
On délibere fi l'on paffera la nuit
fous ce berceau , à faire quelque acte
de dévotion : c'était le fentiment de
M. Henri Roch ; mais Madame décida
qu'il fallait aller faire la priere , fe
coucher , & revenir à la pointe du
jour pour adorer Dieu.

On remonte donc à la chambre , &
fans perdre du tems , on fe met à genoux. Après la priere , M. Henri
Roch fut chargé de dire les Litanies
des Saints , & Madame fe chargea
de répondre les *ora pro nobis*. Lorfqu'il
en fut à *Sancte Barnaba* ; paffez , lui
dit-elle , paffez celui-là ; je ne l'aime
pas ; étant à l'abbaye de Port-Royal ,

nous chantions une chanſon où il y
avait de la *béquille du pere Barnaba* :
notre maîtreſſe de penſion, qui ſavait
très-bien ce que c'était que cette béquille, nous défendit de la chanter,
& nous dit que ce *S. Barnaba* était
fort indécent ; depuis ce tems je le
laiſſe toujours en diſant les Litanies.
En paradis je ne me ſoucierais même
pas de me trouver à côté de lui. Je
n'y demeurerais pas long-tems.

C'eſt pourtant à lui, dit M. Henri
Roch, que les dames *du Marais*, l'un
des quartiers de Paris, ſe recomman-
dent, lorſqu'elles ont des vapeurs.
En voilà bien d'un autre, reprend-
elle ! loin de me guérir des miennes,
il m'en donnerait. Fi ! d'un Saint qui
porte ſon *cœur* au bout de ſon né ;
c'eſt un ſaint à faire peur à toutes les
vierges du paradis. En y arrivant,
la premiere choſe que je demanderai
à Dieu, ſera de l'en faire ſortir. Une
dame de condition ſe déshonorerait

de se trouver à côté d'un drôle comme
S. *Barnaba* : n'en parlons plus & finis-
sons les Litanies , car il est minuit,
& je tombe de sommeil.

On était au moment de se quitter,
lorsque Madame la Duchesse dit à M.
Henri Roch : vous êtes un homme
judicieux , voici une idée qui m'est
venue en faisant la priere , & que je
soumets à votre prudence : pendant la
nuit vous serez bien éloigné de moi ;
si mes vapeurs me prennent , je n'ose-
rai vous appeller crainte d'être en-
tendue ; peut-être même n'en aurai-je
ni le tems, ni la force. Pour prévenir
cet horrible malheur , vous pourriez
vous mettre dans mon lit , vous n'y
feriez pas gêné , car il est fort grand.
Cet arrangement , à moi , me paraît
fort sage ; la prudence , me dit souvent
mon mari , est la mere de la sûreté :
les conseils d'un mari sont bons à sui-
vre : vos secours , si j'ai le malheur
d'en avoir besoin , seront plus prompts ;

mais

mais vous ne vous fouciez peut-être pas de dormir à côté de moi ?

L'obéiffance, dit M. Henri Roch en fe mettant au lit, eft une grande vertu. Nous ne fommes pas en ce monde pour faire notre volonté, fur-tout lorfqu'il s'agit du falut de Madame la Ducheffe du Condor, dont le mari eft vieux, qui d'ailleurs eft très-dévote, & qui a peur d'être damnée.

Avant de nous endormir, lui dit Madame, recommandons bien notre ame à Dieu, & après, en attendant le fommeil, vous me raconterez quel-qu'hiftoire édifiante. Voudriez-vous me dire celle de la niece de S. *Abraham*, hermite, laquelle coucha avec un jeune religieux, & qui enfuite voulut coucher avec fon oncle? Aimez-vous mieux me dire celle de Sainte *Marie Egyptienne*, qui fut une fille de joie, & qui enfuite paffa quarante ans dans un défert fans manger? Mais vous ne dites rien. Dormez-vous déja ? Ce ne ferait pas honnête de vous être endormi ſans me ſouhaiter le bon ſoir.

Pour s'aſſurer du ſommeil de M. Henri Roch , Madame la Ducheſſe va aux enquêtes. Elle le pouſſe d'abord avec le pied, enſuite avec la main, enſuite elle regarde dans quel état eſt ſon cœur. Oh! oh! dit notre dévote avec ſurpriſe ; il dort , & ce cœur eſt très-éveillé ! Mais c'eſt là un miracle ; jamais pareille choſe n'eſt arrivée à mon mari. Le réveil de ce cœur ne ferait-il pas un ſigne de Dieu, qui m'avertit de me tenir ſur mes gardes , pour n'être pas ſurpriſe cette nuit par les vapeurs ! D'ailleurs ce *cœur n'eſt pas une bête* ; il faut bien qu'il ſe doute de quelque choſe , puiſqu'il veille quand ſon maître dort , & qu'il eſt lui-même le remede à mon mal. M. Roch n'eſt que celui qui l'adminiſtre ; le réveillerai-je ? Ce n'eſt pourtant pas l'uſage d'avertir le médecin, lorfqu'on a un remede dont on connaît la vertu ; ne faifons rien contre l'ufage, de peur de paffer pour une femme finguliere ; laiffons-le dormir & fervons-nous de fon remede, en béniffant Dieu qui veille à notre fanté.

Après ce petit raifonnement, Madame fe met doucement fur M. Henri Roch, & travaille toute feule à détourner le malheur dont elle fe croit ménacée. Lui, fans paraître éveillé, fecondait légérement les intentions de Madame la Ducheffe. Ce pauvre garçon ! difait-elle, eft tellement dans l'habitude de faire des actes de charité, qu'il fe prête, même en dormant, à une bonne œuvre. Le travail fut un peu long, mais elle en vint à bout. Elle reprend enfuite fa place & fait femblant de dormir.

Alors M. Henri Roch à fon tour s'arrange dans les bras de Madame la dévote ; mais avant de commencer,

pour attirer les bénédictions du ciel
sur son travail, il fit cette belle prière
qu'on prendrait, tant elle est sublime,
pour un cantique hébreu composé par *feu*
M., l'Abbé de *Reyrac* (7).

Vous, ô mon Dieu, vous qui ré-
gnez sur les riantes campagnes de
Chatou, de *Triel* (8) & *de Maisons*, sur
les fertiles côteaux de Passy, de Ruel
& de Menil-Montant, vous qui donnez la joie aux enfans de Meudon,
la beauté aux filles de Vanvres, l'abon-
dance aux Bénédictins de S. Denis,
& qui, dans la profusion de vos dons,
daignez encore, ô mon Dieu, pendant les *douze mois de l'année* (9),
faire boire à la glace le poëte *Roucher*;
soyez, Seigneur, soyez glorifié dans
tout ce que je fais, & dans tout ce que
je vais faire.

Je n'avais point d'héritage, & vous
m'avez mis, ô mon Dieu, au milieu
d'une vigne qui ne tardera pas à fleu-
rir. On n'en vit point d'aussi agréa-

bles dans les vastes champs d'Arad ,
de Basan , de Creteil & de S. Ouen.
Cette vigne qui était négligée portera
son fruit ; car vous êtes tout-puissant ,
ô mon Dieu, & vous ne tromperez
pas l'attente du pécheur qui espere
en vous.

Vous êtes encore aussi incompré-
hensible dans vos desseins , que dans
vos dons. Autrefois vous envoyâtes
Osée (10) fils de *Beery* , & l'un de vos
petits prophetes , chez *Gomer* , fille de
Débalaïm , pour s'ébattre & s'éjouir
avec elle. De leurs mutuels ébats , il
en vint *Lo -Hammi* & *Lo - Rhuama* :
c'étaient deux mauvais garnemens ;
tels que , de nos jours , peuvent
être les *Tel-Mene*, les *You - Rouk* ,
les *Ron-Fer* , les *Seri-Rog* , les *Vise-*
Sud , les *Ro-Té-So* , les *Sei-Batar* ,
ainsi que tous ceux qui vivent de méchanceté , & de feuilles de chardon (11).

Ensuite le même *Osée* , & toujours
pour obéir à vos ordres , ô mon

Dieu , s'approcha d'une de ces femmes , qui placent leur confiance en
des Dieux étrangers , qui font infidelles
à leurs maris ; parce que , dites vous,
elles préferent le marc du vin , au
vin lui-même ; *diligunt vinaci-à uvarum.*
Seigneur je ne vaux pas votre petit
prophete *Ofée* , & vous me traitez
encore mieux que vos quatre grands
prophetes ; dans l'excès de vos bon-
tés , vous m'avez conduit chez une
dame , jeune & belle , qui place fa
confiance en vous feul ; & je ferai
ici avec elle , vous béniffant *donec
luceat dies*, jufqu'à ce que l'aube du jour
paraiffe ; tel que *Salomon* (12) le jour
de fes noces , lorfqu'après avoir par-
couru les deux monts de la myrrhe &
la coline de l'encens , il embraffa fon
figuier , & monta deffus pour en
cueillir les fruits ; tel que le fier *Ha-
bacuc*, lorfque ferme fur fon baftion,
il fe pâmait d'aife & de joie en cé-
lébrant vos merveilles ; tel que vous

même , ô mon Dieu , lorſque , un inſ-
trument à la main & ſous la forme d'un
ouvrier (13) prêt au travail , vous
parûtes monté ſur les murailles de l'in-
fidelle Sion , que vous ne voulûtes
ni réparer ni recrépir.

Soyez béni dans vos œuvres ! ô
mon Dieu ! Madame la Ducheſſe n'a
beſoin d'aucune réparation. Vous en
avez fait un aſſemblage de beautés ! C'eſt
le plus bel ouvrage qui ſoit encore ſorti
de vos mains auguſtes , quoique ſon
né (14) ne reſſemble point à la tour
du mont Liban qui regarde du côté de
Damas. *Naſus ſicut turris Libani quæ*
aſpicit contra Damaſum.

Que ſon ſommeil eſt doux ! c'eſt
celui d'un ange qui , après avoir chanté
hoʒanna treize mille ſix cens trois fois ,
s'endort paiſiblement ſur les marches reſ-
plendiſſantes de votre trône immortel.

L'haleine qui ſort de ſa bouche , &
même d'ailleurs , a tout à la fois le
parfum de la géroflée & de la pêche

de Montreuil : elle est plus suave que les aromates de Sennaar ; ce qui est un signe de prédilection. Vos élus, ô mon Dieu ! répandent toujours autour d'eux une odeur semblable à celle d'un champ couvert de fleurs, que vous avez bénies. *Odor sicut odoragri floribus pleni cui benedixit Deus* (a). Une odeur telle qu'on peut la sentir en passant devant les boutiques, soit de Margame, le premier des Parfumeurs de la rue S. Honoré, soit du savant Beaumé (15) le jour, que dans ses magnifiques alambics, il distille la camomille, l'hypericon, le matricaire, l'aloès, l'œillet & le chardon-roland.

Ses joues, ô mon Dieu ! que vous pétrîtes de roses & d'incarnat, ressemblent à deux pommes de grenades ; *absque eo quod intrinsecus lætat*, sans parler de ce qui est dedans : telles étaient celles de la chaste & mignone

____

(a) Genese, Ch. 49. v. 12.

Judith , le jour qu'elle alla dévote-
ment , en bonne fortune, au camp
d'Holopherne , & auquel, pour vous
plaire, ô mon Dieu ! elle coupa le
cou après avoir couché avec lui.

Ni les yeux des puissantes Reines
de Tyr, ni ceux des superbes filles
qui habitaient Mosoc & le voisinage
de Torgama , ni les yeux de la bril-
lante nymphe qui , folâtrant encore
sur les hauteurs de Lucienne (16) , dans
la coupe enchanteresse du présent ,
boit l'oubli du passé , ne peuvent
être comparés aux yeux de la res-
pectable dame avec laquelle j'ai l'honneur de m'exercer en tout honneur
& toute dévotion.

Son œil droit, plus beau que le raisin
d'Engaddi (17) , brille d'un feu plus
pur que le *Sanci* (18) , ce diamant le
plus précieux de la couronne de nos
Rois.

Quant à son œil gauche, il répand
une lumiere plus douce & plus vive

que la topafe dont était enrichi le facré pectoral du grand Juif Joÿada, le jour, qu'à la tête d'une cohorte de prêtres, il affaffina fa reine *Athalie*, qui avait cent cinq ans, & qui était fort belle lorfqu'elle était jeune.

Allegrain (16), le fameux *Allegrain*, cet *Allegrain* que nous connaiffons tous, & dont le cifeau eft miraculeux, n'a point encore vu parmi les divinités de fes vaftes atteliers, de jambe qui en agrémens, en fineffe, en belle proportion, fût pareille à celle de Madame la Ducheffe de Condor. Telles, *& ma foi tout ou plus*, pouvoit être celle du beau Gabriel (20), votre ambaffadeur, le jour de l'annonciation, lorfque fur les fept heures & demi du matin il entra dans l'oratoire de la fainte Vierge, pour lui faire fon compliment fur fa maternité future, & auquel compliment, fans fe déranger de fon prie-Dieu, fait de fapin de Sanir (21), toute tremblante

& en toute humilité, la jeune Naza-
réenne répondit : *nigra sum sed for-
mosa*, je suis noire, mais je suis belle,
& je le veux bien.

Non, Seigneur, non, parmi les
Dieux de Moab, ni parmi les Dieux
d'Ammon, il n'en fut jamais de semblable à vous ; on en peut dire autant
du magnifique anus de Madame la
Duchesse ; à l'égard de tous les anus
anciens & modernes, cet anus est
une de vos merveilles. Les princesses
de Dibon & de Medaba, de Berlin
& de S. James n'en eurent point
d'aussi beau. Moins brillans & moins
parfaits, dans leurs alentours, furent
les cinq anus d'or (22), que vous offrirent autrefois les puissantes villes de
Geth, d'Azoth, de Gaza, d'Ascalon &
autres, dont il est inutile de dire le
nom.

De l'incomparable anus de Madame
de Condor je passerai à son cœur, le
trajet n'en est pas long ; & je vous

dirai, Seigneur, que ce cœur eſt un vrai vaſe d'élection : c'eſt ſur-tout dans l'endroit que vous l'avez mis, que brille la profondeur de votre ſageſſe. Si vous l'euſſiez placé au milieu de ſon beau front d'ivoire, ce cœur, par l'éclat de ſon ébene, eut certainement, les jours que Madame va faire ſa cour, fait l'admiration de tous les Seigneurs de Verſailles; mais par l'impoſſibilité d'arranger les choſes comme il convient, je n'euſſe pu la guérir de ſes vapeurs. Faites, ô mon Dieu, faites qu'elle en ſoit délivrée, & qu'elle reſte toujours belle..... Sa gorge, que ma dévotion preſſe de ſes deux mains, eſt encore un de vos chef-d'œuvres; elle eſt plus blanche que la neige, plus douce que le lait, ſes boutons plus rouges & plus beaux que le ſaphir, *rubicundiores pulchrioreſque ſaphiro*, & meilleur que la ſucculente cériſe que l'on cueille ſur les rives fortunées du riche & vineux *Andreſi* (23).

Vous êtes juste, Seigneur, & la source même de toute justice, & j'ose croire que, si Madame eût été au monde le jour que, sous la forme d'une colombe, au cou de jaspe, aux aîles noires & blanches, du céleste pigeonnier, le St. Esprit descendit sur la terre, c'est chez Madame la Duchesse qu'il fût entré ; c'est dans son sein virginal (24), qu'il se fût délecté à opérer ; il eut certainement préféré une aussi belle Française à une petite Juive qui avait les genoux cagneux, & qui ne faisait jamais son bidet : de plus, qui en marchant courbait les épaules comme les jardinieres de Nogent & de Belle-Ville.

J'espere, ô mon Dieu ! que Madame ne perdra rien pour être venue trop tard ; & si en ce monde elle n'a pu être mariée avec le St. Esprit, quand elle sera dans le ciel, de deux choses l'une, & j'eu suis sûr, ou que vous, Dieu, pere éternel, la prendrez pour votre maîtreſſe favorite , ou que Dieu, votre fils conſubſtantiel l'épouſera. Tout le paradis ſera en joie le jour de ſes nôces ; les Saints de la Jéruſa-lem céleſte danſeront avec les étoiles du firmament , & les chérubins (25) avec les cometes (26). Puiſſé-je faire en ce monde aſſez de bonnes œuvres pour être invité à la fête , & ſur-tout pour avoir une bonne place dans les ballets.

En attendant , & pendant que votre future dort , je vais lui adminiſtrer le remede néceſſaire à ſes vapeurs. C'eſt à vous , ô mon Dieu ! à bénir & à rendre efficace ce remede. Ainſi ſoit-il.

La priere achevée , M. Henri Roch ſe mit à l'ouvrage : mais ... quoi ... j'entends certains lecteurs qui diſent : voilà , certes , voilà une priere bien longue & bien ennuyeuſe. Cenſeurs indiſcrets & incivils , apprenez que dans cette priere , il n'y a de l'ennui que pour des indévots , tels que vous

qui ne trouvâtes jamais ni de messes
trop courtes, ni de dîners trop longs.
Vous êtes des gens grossiers, sans religion & sans savoir vivre, de m'avoir
interrompu dans le plus bel endroit de
mon histoire. Puisse le fort & terrible
Samson, revenant de la région des
morts, vous traiter avec une machoire
d'âne, comme il traita les Philistins.
Puisse, race d'Amalec, le saint prêtre
Samuel avec son couteau sacré, vous
hâcher en morceaux, comme il hâcha
le roi *Agag* (27), qui ne valait pas
plus que vous ! Puisse le ciel, ouvrant
de nouveau les cataractes (28) de son
firmament, vous noyer sous les eaux ;
& pendant que vous serez en l'autre
monde, & que vous apprendrez ce
que c'est qu'un *ciel*, un firmament &
des *cataractes*, je continuerai à raconter tranquillement les exercices de dévotions de M. Henri Roch avec Madame la Duchesse de Condor, & je
dirai que dès qu'il eût fini son travail,
il reprit sa place.

J'ajoute que Madame la dévote, lorsqu'elle le crut endormi, tout en se signant, comme il convient à une bonne chrétienne avant de commencer œuvre quelconque, & tout en disant : d'un remede qui est bon, on ne saurait en user trop souvent, elle se huche de nouveau sur M. Henri Roch, & se met à recommencer son exercice, lorsqu'il s'écrie : ah ! Madame, pour une dévote, que faites-vous donc-là ? Voulez-vous me damner pendant que je dors ? Au nom de Dieu, qui voit tout, ne faisons pas de ces choses abominables.

Je dormais aussi, dit-elle, en reprenant vîte sa place ; je rêvais certainement. — C'était-là un fort vilain rêve que faisait Madame. — Ah ! Monsieur, n'allez pas vous imaginer. — Je n'imagine rien ; mais j'ai très-chaud dans votre lit, & je vais descendre dans le jardin pour & à l'exemple des peres du désert, élever mon cœur à Dieu, en contemplant l'armée du ciel. J'y defcendrai auffi avec vous, lui dit Madame, car depuis que je dors, je n'ai encore fait aucune priere.

Le jour commençait à poindre, lorf-qu'on arriva dans le jardin. Nous en-trerons, dit M. Henri Roch, fous ce berceau de jafmins. Sa fraîcheur femble nous inviter à une fainte converfation; & fi Madame l'agrée, nous nous en-tretiendrons de confeffion & de con-feffeurs.

Je le veux bien; & vous ne pouvez me faire un plus grand plaifir. Le mien eft un faint; il ne parle que de l'amour de Dieu & de l'amour du prochain. Je me confeffe tous les quinze jours, & il eft fi zélé pour mon falut, qu'il voudrait me confeffer tous les jours. Quand il eft avec moi dans le confef-fionnal, ce n'eft pas comme avec fes autres pénitentes, qu'il ne garde que cinq à fix minutes, il me tient les heures entieres. Quelquefois même il

en fue. O le faint homme ! dit M.
Henri Roch ; après. D'abord que je fuis
dans le confeffionnal , il me demande fi
je fuis enceinte , parce qu'il s'intéreffe
beaucoup à ma fanté , ainfi qu'à mon
falut ; il voudrait bien que j'euffe un
enfant , il me donnerait une belle oraifon , qui fait accoucher fans douleurs,
& même à ce qu'il me dit , avec un
peu de plaifir. — O le faint homme !
après. — Enfuite il me demande fi
j'ai eu des vapeurs ; il s'informe exac-
tement comment elles me prennent ;
fi mon mari fuffit pour les diffiper :
c'eft lui qui m'a appris que j'en aurais
jufqu'à ce que je fois groffe. Il me
dit fouvent qu'il voudrait bien me
guérir. — O le faint homme ! après.
— Enfuite , ma foi , il a beaucoup
d'efprit ; car il perfuade tout ce qu'il
veut , & arrange tout ce qu'il dit , de
maniere à faire voir quelquefois qu'on
ne peche pas , même en péchant. — O le
faint homme ! après. — Et puis en

difant, qu'il donnerait fa vie pour ne
me plus voir fouffrir, il ajoute :

„ Et je ne fais au ciel nulle dévote inftance
„ Qui n'ait toujours pour but votre conva-
lefcence.

— O le faint homme ! après. — Et
puis ajoutant qu'il m'aime autant que
mon mari ; il dit :

„ L'amour, qui nous attache aux beautés
éternelles,
„ N'étouffe point en nous l'amour des tem-
porelles.
„ Le ciel défend, de vrai, certains conten-
temens ;
„ Mais on trouve avec lui des accommo-
demens.
„ Selon divers befoins il eft une fcience
„ D'étendre les liens de notre confcience ;
„ Et de rectifier le mal de l'action
„ Avec la pureté de notre intention.

— O le faint homme ! Madame, ira-
t-elle ce foir à la comédie du Tartuffe ?
— Oui, vraiment, & vous y viendrez.
— Et votre confefieur, qu'en dira-t il ?

— Je le prierai demain à dîner avec nous, & fi je lui dis que la comédie me fait un grand plaifir, je fuis bien certaine que, par quelque tournure d'efprit, fa dévotion arrangera cette comédie, pour qu'il n'y ait pas de péché pour moi ; vous verrez comme il a de l'efprit. — Je vois, Madame, qu'il eft déja trois heures, & qu'il eft tems de prier.

Vous avez raifon, répond Madame la Ducheffe ; & ce fera au milieu de ce tapis de gazon, & auprès de cet amas de feuilles de rofe, que nous ferons la priere du matin.

Ce fut en effet là que les deux dévots fe rendirent, & qu'ils fe mirent à genoux. En terminant la priere, Madame la Ducheffe demanda par fu-rérogation & pour la fanté de fon mari, un *Pater* & un *Ave.* Après quoi s'étant affis tous deux fur cet amas de rofe, Madame parla ainfi :

M. Henri Roch, mon mari, pour

lequel nous venons de dire un *Pater*, vous a une grande obligation. Sans vous il n'aurait peut - être plus de femme ; dans son défespoir il ferait certainement mort de chagrin. Vous lui avez épargné l'affreux malheur de me perdre & de mourir. Après m'avoir perdue ; mon pere & ma mere qui m'aiment tendrement , ne m'auraient pas furvécu. En me confervant , vous avez confervé toute une famille. Quelle reconnoiffance fur - tout ne vous doivent pas mes femmes de chambre ! Que de larmes elles auraient verfées , fi j'était morte ! Elles n'auraient fu que devenir.

A propos de vos femmes , dit M. Henri Roch , font-elles mariées ? — Non certainement. Je n'ai chez moi perfonne de marié ; & celles qui fe marieraient , n'y refteraient pas long-tems. — Elles ont donc des vapeurs ? car du tems que nous faifons ici la priere du matin , l'une eft couchée avec votre maître d'hôtel, l'autre avec votre cuisinier, & la fille de garde-robe avec le garçon d'office.

C'est - là , réplique Madame , une horrible méchanceté , dont je ne vous croyais pas capable. — Je ne suis point méchant ; ce que j'en dis , c'est uniquement pour rendre service à vos femmes. — Voilà , certes , un plaisant service que vous rendez à des demoi-selles , qui sont sages comme des anges , qui me disaient hier que vous étiez un saint , qu'elles vous voyaient tous les dimanches à St. Sulpice , & à tous les sermons du pere *Elisée*. — Elles ont pu dire cela à Madame , & je leur en fais bon gré : mais ce qui est certain , c'est qu'il y a quatre ans que je ne suis point entré à St. Sulpice , il y en a dix que je n'ai point en-tendu le pere *Elisée*.

Observez donc , dit Madame la Du-chesse , qu'elles ne m'auraient pas fait un mensonge , le jour de leurs

dévotions au Calvaire. — C’eſt qu’elles n’ont point été au Calvaire, &
qu’il eſt très-vrai qu’elles font actuellement dans les bras de leurs maris ,
ou de leurs amans , occupées à faire
des enfans , ou à prévenir des vapeurs.
— Comment ſavez-vous cela ? — C’eſt
parce que dans tous les pays du monde
*les filles ſe marient toutes ſeules quand
on ne les marie pas.* Je ſais auſſi que ,
lorſqu’on eſt jeune , & qu’il fait ou
un grand froid ou une grande chaleur ,
on ne couche ſeul , que lorſqu’on ne
peut pas coucher deux. Je ſais de plus
que les femmes de chambre ſe font
un jeu de tromper leurs maîtreſſes
qui font dévotes , que pour cela elles
prennent le maſque & le langage de la
dévotion. C’eſt-là une de leurs petites
induſtries pour vivre & pour ſe faire
aimer ; ce qui eſt bien pardonnable.

Tout ce que M. Henri Roch dit là-
deſſus fit naître à Madame la curioſité
de ſavoir s’il avoit raiſon. En vain il

lui fit obferver , combien il étoit in-
digne à une maîtreffe de maifon d'aller écouter aux portes des chambres ;
tout ce qu'il put obtenir fut une in-
dulgence pléniere pour toutes fes femmes ; de marier celles qui ne le feraient pas & de pardonner à celles
qui le feraient.

Les charmantes & douces antiennes
qu'elle entendit entonner à plufieurs
reprifes , ne lui laifferent aucun doute,
fur ce que M. Henri Roch lui avait
annoncé. La découverte faite , elle
vint le rejoindre au jardin. Vous
m'avez , lui dit-elle , rendu de très-
grands fervices. Comptez fur ma re-
connaiffance ; regardez ma maifon
comme la vôtre ; vous y ferez toujours reçu avec plaifir. Vous m'avez
inftruite de ce que je ne devais pas
ignorer , & vous m'avez guérie de mes
vapeurs. Ce font-là des fervices qui
ne s'oublieront jamais.

Je me félicite , reprit M. Henri
Roch ,

Roch, de la guérifon de Madame ; mais je n'aurai pas l'honneur de la revoir. Elle a pour moi une maladie plus à craindre & plus difficile à traiter que les vapeurs. — Ah ! Monfieur Roch, vous m'étonnez, ferais-je malade fans le favoir ? De grace, dites-moi quelle eft cette maladie , afin que je faffe avertir *Tronchin* , *Pomme* , & mon confeffeur. Parlez donc vîte , quelle eft cette maladie ? — C'eft la dévotion : c'eft une maladie qui tue votre ame, qui prolonge votre enfance, & qui ferait incurable, fi Madame avoit moins d'efprit qu'elle en a.

Ce propos plongea Madame la Ducheffe dans une profonde rêverie & d'où elle ne fortit que pour dire : ce foir, après la comédie du *Tartuffe* , je vous ramenerai ici ; vous me montrerez en quoi la dévotion eft une maladie , & fi vous me le prouvez par de bons exemples tirés , foit de la Bible , foit d'ailleurs , je ne veux point

G

avoir d'autre medécin que vous.

Je ne hafarderai point , réplique M. Henri Roch, une femblable cure ; c'eft à Madame à travailler toute feule : elle ne doit attendre de ma part ni confeils ni recette. Je puis en avoir contre les vapeurs ; mais je ne'n ai point contre la dévotion.

Tout en difant cela , il prend la main de Madame la Ducheffe & la couvre de baifers. Que faites-vous donc-là ? lui demande-t-elle , avec le ton de la plus grande furprife ; & il ne répond à la demande & à la furprife de Madame , qu'en reprenant cette main , & en la baifant de nouveau. — Savez-vous , Monfieur , qu'il n'y a point de dévotion à tout cela , & il ne répond au reproche que par un gefte, & par un mouvement qui annonçait un grand défir ; & qui dans toute autre occafion eut été une témérité impardonnable.

C'eft-là du fruit défendu , lui dit-elle ,

en le repouſſant doucement. Quoi !
dit-il à ſon tour , mon amour eſt votre
ouvrage , & . . . . . Oh ! répond-elle ,
l'amour eſt un très-grand péché , &
j'en ſuis bien fâchée. Sans cela , je
ſens dans le fond de mon cœur , que
je vous aimerais beaucoup. — Tout
au moins , Madame , accordez encore
une fois un plaiſir que déja . . . . —
Non , en vérité. Je n'en ferai rien.
Je ne ſuis plus malade , & je n'ai plus
beſoin de remedes. Si vous aviez des
vapeurs , & que cela pût vous guérir ,
ce ferait alors une bonne action que
par reconnaiſſance je n'héſiterais pas
à faire. En bonnes œuvres je ne voudrais pas être en reſte avec vous ; mais
nous nous portons bien l'un & l'autre ,
& le plaiſir que vous demandez , n'eſt
néceſſaire ni à votre ſalut ni au mien.

M. Henri Roch , qui juſqu'alors
n'avait mis aucun prix à des jouiſſan-
ces , dont on l'avait raſſaſié , en mettait un très-grand à un plaiſir qui

ferait le fruit d'une victoire , ou d'un
fentiment. N'obtenant donc rien par
prieres , il en vint à un fiege réglé.
Ce fut alors entr'eux deux un vrai
combat de paffion & d'honnêteté.
L'amour formait les attaques , la raifon & le devoir les repouffaient , &
cela fans fierté , fans aigreur , fans y
mêler les intérêts du ciel , ni le jargon
de la dévotion.

M. Henri Roch enlevait-il par furprife , ou par force quelqu'ouvrage exté-
rieur , cet ouvrage était prefqu'auffi-tôt
repris qu'enlevé. La défenfe fut longue &
pénible ; c'eft encore une des plus belles
que femme de condition ait jamais faites.
Moins longue & moins glorieufe fut celle
qu'à l'âge de dix-huit ans fit Madame
la Marquife de *Parpaille* pour la con-
fervation de ce qu'elle appellait fa
Toifon d'or.

M. Henri Roch varia fes attaques
de vingt manieres & avec un art
infini. Elles furent inutiles. Mais le

furent-elles toutes ? Et la place fut-elle emportée d'affaut ou fe rendit-elle à une capitulation honorable ? C'eft-là ce que nos lecteurs font dans l'impatience de favoir & c'eft ce .que nous ne leur dirons pas. Nous avons promis de raconter des exercices de dévotion & non d'écrire les luttes d'un amour prophane fur un lit de rofes.

Notre devoir eft encore de leur apprendre , qu'après ce long combat d'amour & d'honnêteté , les liaifons de Madame la Ducheffe de Condor & de M. Henri Roch furent très-décentes ; elles n'eurent jamais rien de fufpect ni aux yeux du public qui eft toujours malin , ni aux yeux des parens qui font toujours foupçonneux.

Nous dirons auffi que Madame la Ducheffe fut pour toujours guérie de fes vapeurs ; que le lendemain fon mari arriva de la campagne, & qu'au bout de neuf mois elle accoucha d'un beau garçon , qui fait le bonheur de deux familles.

Ce qu'il importe encore d'apprendre à nos lecteurs, c'est que le soir même, Madame la Ducheſſe alla à la comédie du *Tartuffe*, que les écailles, en voyant jouer ce *Tartuffe*, lui tomberent des yeux : elle ne vit plus dans ſon conſeſſeur qu'un fourbe, un ſcélérat qui, pour la ſéduire plus facilement, la rendait imbécille. De dévote acariâtre elle devint une femme très-raiſonnable, aimable dans la ſociété, attentive à ſon ménage, douce & indulgente pour tous ceux qui la ſervaient : elle lut de bons ouvrages, & bientôt une raiſon éclairée ſuccéda à un eſprit abruti par le bigotiſme & par ſes pratiques minutieuſes.

Le banc qu'elle avait à l'égliſe, fut ſupprimé ; mais elle eut une loge au théâtre français ; elle ne donna plus aux prêtres, ni aux moines des ſommes conſidérables pour dire des meſſes, pour rafraîchir les ames du purgatoire, & pour brûler des cierges en plein jour, ce qui est d'une dépense inutile, comme d'un extrême ridicule ; mais elle envoya des secours honnêtes dans les prisons de Paris & les diverses maisons de charité ! L'argent qu'elle dissipait en dons pour des religieuses inutiles, fut employé à avoir une petite pharmacie dans chacune de ses terres, tant pour l'utilité de ses vassaux que pour le soulagement des pauvres de la campagne.

Dans Paris on sut bientôt, que cette double cure des vapeurs & de dévotion de Madame la Duchesse de Condor était l'ouvrage de M. Henri Roch. Cela lui fit beaucoup d'honneur à Versailles. Dans le faubourg S. Germain ; il devint le directeur & le medécin à la mode, & il eut bientôt plus de pratiques qu'il n'en pouvoit faire. *Tronchin*, *Bouvard*, *Lory*, *Pomme*, & les confesseurs furent moins occupés que lui ; leurs recettes étaient aussi moins bonnes. Ils devinrent ses en-

nemis. Autrefois ils l'euſſent accuſé
d'être forcier (29) , ce qui eut été
très-férieux. On ſe contenta de l'ac-
cuſer d'être philoſophe , & le Roi, à
qui l'on parla de la philoſophie &
des cures de M. Henri Roch, ne fit
qu'en rire. C'eſt-là , ma foi, un bon
Roi. Prions pour lui.

F I N.

LA ROCAMBOLE,

O U

NOTES ÉDIFIANTES

ET RÉCRÉATIVES.

(1) *La Grenée*, Peintre très-estimé; d'un pinceau tendre & voluptueux.

(2) M. *de Rhuillieres*, dont il s'agit ici, n'est pas celui qui est attaché aux affaires étrangeres, qui, en société, est très-aimable, qui est auteur d'un excellent petit traité, en vers alexandrins, sur *les disputes*. Il ne manque à ce M. *de Rhuillieres*, pour avoir une très-grande réputation, que du courage. Il aime mieux, dit-il, digérer

paisiblement , que d'avoir un nom plus connu. Si nos prédécesseurs , qui n'a-vaient ni plus d'esprit , ni plus de con-naissances que lui , avoient ainsi pensé, nous serions encore dans les bois.

(3) *Greüse* , Peintre d'une grande réputation. Tout le monde connaît son tableau *de la dame de charité.*

Les Peintres sont dans l'usage de faire venir chez eux des filles publi-ques , & de les faire mettre toutes nues ; lorsqu'ils trouvent des formes parfaites, ils travaillent d'après ces modeles. C'est ainsi que la nature sert à la perfection de l'art. M. *Greüse* passe pour le Pein-tre qui a vu le plus de modeles, & pour le mari qui, dans son état, a été le plus fidele. Demandez-le lui.

(4) *Heureux celui.* Madame dit des croix de cette vie , ce que *Salomon* dit de la sagesse. *Lignum vitæ qui apre-henderit eam beatus.* Prov. ch. 3. v. 18.

Cette erreur eſt ſans conſéquence, comme la plupart de celles qui ne font pas renchérir le bled au marché. En théologie on a fait ſouvent des citations plus dangereuſes.

(5) *Une troiſieme fois.* On ne doit pas être étonné de ce triple acte de dévotion, ſur-tout quand on ſonge que *Salomon* a dit qu'il y avait trois choſes inſatiables. *Tria inſaturabilia, infernus, terra & os vulvæ.* Salomon, à ce que diſait M. Boulierot, Curé de S. *Gervais*, aurait pu dire des choſes plus utiles & plus honnêtes. Ce M. Boulierot avait beaucoup d'eſprit. Il a laiſſé en mourant cent mille écus comptant.

(6) *Démoniens.* Madame la Ducheſſe veut ſans doute parler des Lacédémoniens; c'eſt par ignorance qu'elle s'exprime ainſi. On ne lui avait rien appris; & elle était en état de tout

apprendre. Elle parle aujourd'hui plu-
sieurs langues , fait l'histoire , la géométrie ; &c. mais elle se gardera bien
de faire comme Madame de......
quatorze volumes en six ans. L'abon-
dance est souvent stérile.

(7) L'Abbé *de Reyrac* a fait en
prose *l'Hymne au Soleil*. Cet Hymne,
si fort vanté dans le Journal de Paris,
est, ainsi que tous les discours des pro-
phêtes , pauvre en pensées , mais riche
en paroles sonores. La pompe & l'abon-
dance des expressions y couvre une sté-
rilité générale d'idées : c'est un gueux
vêtu de magnifiques haillons.

(8) *Chatou , Triel , Maisons , Creteil,
S. Ouen , S. Denis , Vanvres , Menil-
Montant , Nogent , Montreuil , Belle-
ville* , font des campagnes du voisinage de Paris. *Emath* était une
bourgade de l'Idumée. *Arad , Basan ,
Torgama* , étaient en Syrie ; *Dibon ,*

Medaba, étaient des villes des Moa-
bites.

(9) *Les douze mois de l'année*, poëme
en douze chants, formant un petit
volume, auquel l'auteur a joint trois
volumes de notes. On commente ordinairement l'ouvrage des autres. M.
Roucher s'eſt commenté lui-même. On
n'a jamais pouſſé auſſi loin que lui,
le privilege d'être bavard en notes.
Redire ce que des hommes de génie
ont dit ; imprimer ce qui eſt déja
imprimé ; vendre ce que les autres
ont dit & imprimé : cela paſſe la
raillerie.

On ſait la double réputation qu'eut
le poëme des douze mois, avant d'être
& après avoir été imprimé. Voyez ce
qu'en ont dit MM. *Imbert* & *Garat*, bons
juges & amis de l'auteur.

Ah ! mon cher M. *Roucher*, quand
on a fait un poëme qui, à ſa naiſ-
ſance ne peut être lu, & qui au-

jourd'hui eſt profondément oublié, on
doit être modeſte ; on ne doit pas ſur-
tout ſe permettre des ſatyres contre la
Henriade , laquelle fait les délices de
bien d'honnêtes citoyens. On pardonne
à un homme d'être un poëte ennuyeux ,
mais on ne voudrait pas qu'il fût un
juge ridicule.

(10) Les malins ont prétendu que
l'Abbé de *Voiſenon* , ſous les noms
barbares de *Tel-Ment* , de *Jon-Rouk* ,
de *Ron-fer* , de *Seri-Rog* , de *Ro-Te-
Sot* & de *Sei-batar* , avait voulu déſi-
gner MM. *Clément* , *Roujou* , *Freron* ,
Groſier , *Sautreau* & *Sabatier*. Nous
n'en croyons rien. Nous penſons au
contraire qu'il a voulu parler de ſix
Juifs , auſſi fameux par le mépris public dont ils ſont couverts , que par
les haillons qu'ils vendent.

(11) *Oſée*. Dieu envoya d'abord ce petit prophete chez une femme de mauvaiſe

vie, avec ordre à lui de s'évertuer avec elle, & de lui faire des enfans de proſtitution. *Filios proſtitutionum.* Il lui enjoignit enſuite d'aimer & de cou-cher avec une femme adultere. *Vade & dilige mulierem adulteram.*

Si on enviſageait ces ordres confor-mément aux idées reçues, il ſemble-rait que Dieu eût pu traiter un peu mieux ſes petits prophetes, que de les envoyer chez des femmes de mauvaiſe vie.

Les grands prophetes étaient moins bien traités ; à l'un il ordonne de manger un livre de parchemin, à l'autre de ſe promener tout nu dans les rues ; à celui-ci de porter un bât, & à celui-là de manger des excrémens humains. Tout conſidéré, le traite-ment d'*Oſée*, qu'on envoye ſe gaudir avec des filles de joie, vaut encore mieux que de déjeûner comme Ezé-chiel, avec une tartine de m.....

Tout change, autrefois Dieu envoyait ſes prophetes à des filles de joie, & aujourd'hui, ſous peine de l'enfer, il défend à ſes prêtres de prendre pour compagnes des femmes honnêtes.

Ce qui mérite l'attention du philo-ſophe, c'eſt que dans la plus haute antiquité il y avait des filles publi-ques, à Babylonne, à Jéruſalem, à Ninive, comme il y en a à Paris, à Londres, à Rome, & dans toutes les grandes villes policées. Il y en avait dans les tems patriarchaux. Il s'en trouva une dans le déſert du tems de Moïſe. C'était une femme publique avec laquelle était couché *Zambri*, lorſqu'il fut tranſpercé par le pieux *Phinée*. Ce fut une femme publique qui cacha les eſpions que Moïſe avait en-voyé à Jéricho. *Samſon* était avec une fille de joie à Gaza, lorſque ſur le minuit on ferma les portes de la ville pour le prendre. *Dalila*, de la vallée de *Sorec*, n'était, ce me ſemble, qu'une courtiſanne, courtifanne , dont le fort *Samfon* était éperdument amoureux.

Long-tems avant les aventures de ce *Samfon* , on avait vu le patriarche *Juda* accoler fa bru *Thamar* , croyant être avec une fille publique. La méprife fut falutaire au genre humain ; car de cet incefte il en vint *Pharès* , l'un des ancêtres de Jefus-Chrift.

Du tems de *Salomon* , le manege de ces filles était tel qu'il eft aujourd'hui. Voici ce que ce Roi en dit dans le livre des *Proverbes*. Suppofez toutefois que ce Roi fe foit amufé à enfiler ces proverbes , dont les uns renferment des erreurs , & les autres font faftidieux par leurs répétitions.

" Etant à la fenêtre de ma maifon,
» j'apperçois un jeune infenfé qui ,
» fur le foir, & lorfque la nuit de
» vient obfcure, paffe dans le coin
» d'une rue près la maifon d'une fille.
» Je la vois venir au-devant de lui ,
» en fa parure de courtifanne ; elle

» prend ce jeune homme, le baife &
» le careffe effrontément, lui difant :
» *je me fuis acquittee de mon vœu*
» *aujourd'hui.* C'eft pourquoi je fuis
» venue au devant de vous, défirant
» vous careffer. Venez : énivrons-
» nous de plaifir jufqu'à ce qu'il faffe
» jour. Jouiffons de ce que nous avons
» tant défiré. Mon mari eft abfent
» pour long-tems. — Entraîné par fes
» careffes, le jeune homme la fuit
» comme un agneau qui va à la mort
» en bondiffant. *Prov. chap.* 7. »

Remarquons que cette donzelle dit qu'elle a fait fa priere. *Hozie vota mea Deo reddidi.* Il en eft ainfi de nos jours : point de fille de joie, qui de temps en temps ne faffe dire des meffes, pour que Dieu lui envoye des chalans. L'Abbé de *Voifenon* en avait trouvé plufieurs qui lui avaient affuré que cela leur avait toujours réuffi. Cet Abbé fe plaifait à conter les fcrupules & la délicateffe de confcience de la *Tante-Miel*, l'une des plus honnêtes pourvoyeuses de Paris.

Il lui demanda un jour fi elle faifait bien fes affaires, & elle répondit très-chrétiennement : ah ! M. l'Abbé , quand on fait fon métier en honneur & confcience, Dieu ne nous abandonne jamais.

L'Abbé une autrefois lui témoignait des craintes fur la fanté d'une demoifelle qu'elle lui avait envoyée. Pour qui me prenez-vous , dit-elle, n'ai-je pas, tout comme vous, une ame à fauver ?

Laiffons les filles & M. l'Abbé. Revenons au prophete *Ofée*. La feconde femme chez qui Dieu lui ordonna d'aller s'amufer, lui coûta quinze pieces d'argent & une mefure & demi d'orge. *Quindecim argenteis & coro & dimidio hordei.* Il y a des filles de nos jours, qui coûtent beaucoup plus, & d'autres beaucoup moins. Il y en a de de vingt, de trente, de quarante mille francs par an. Il y en a à douze fous pour les laquais , & à vingt-quatre pour les étudians, foit en chirurgie , foit en théologie.

(12) *Tel que Salomon*. J'irai , dit ce Roi , en parlant d'une vifite qu'il veut faire à la Sulamite , j'irai au mont de la myrrhe & à la colline de l'encens. *Vadam ad montem myrrhæ & ad collem thuris*. Cent commentateurs , Efpagnols, Portugais , Italiens , Flamands , François , Allemands , Polonais , fe font fignalés pour expliquer ce paffage.

(13) *Sous la forme d'un maître ouvrier*. Dieu demanda au prophete Amos , *quid vides* ? Que voyez-vous ? Et Amos répondit , je vous vois fur une muraille avec une truelle à la main. Je ne me fervirai plus de truelle avec mon peuple , lui réplique le Seigneur , je ne recrépirai plus fes

murailles. *Et ecce ponam truellam , non dejiciam super indue eum.*

(14) *Quoique son né.* La comparaison que *Salomon* fait du né de sa maîtresse avec une tour , prouve que de son tems les grands nés étaient à la mode chez les femmes juives. Il comparait aussi son ventre à un boisseau. Les gros ventres sont regardés de nos jours, comme une imperfection dans la taille des femmes ; mais les grands nés ont encore leur prix.

(15) *Le savant Baumé ,* fameux Apoticaire ; il est de l'Académie des Sciences ; il est aussi le premier qui ait dépouillé l'opium de sa partie enivrante.

Il est bon d'observer que M. Henri Roch dans cet endroit de sa priere , parle par inspiration. Personne n'ignore que dans l'état d'inspiré , un homme fait peu de cas de l'exactitude , que souvent il ne fait ce qu'il dit, témoins tous ces livres orientaux, dans lesquels les auteurs infpirés, ou fe difant inf-pirés, ont laiffé tant d'abfurdités & tant d'erreurs fur la phyfique, fur la chymie, fur la géométrie, fur l'aftro-nomie, la géographie & l'hiftoire na-turelle. La bible en eft remplie.

(16) *Lucienne*, fitué fur la machine de Marly, a un point de vue des plus beaux & des plus agréables. Cette campagne appartient à Madame la Comteffe *du Barry*, jadis en grande faveur.

(17) *Engaddi*. Les raifins d'*Engaddi* étaient fort renommés. Les prophetes en parlent avec éloge. *Jacob* en bé-niffant fon fils *Juda*, compare fes yeux au vin.

(18) *Le Sanci*. Ce diamant eft en effet le plus beau de la couronne de

France ; il vint d'Antoine, Roi de Portugal. Ce Roi détrôné & réfugié en France , mit pour vivre ce diamant en gage ; il penſait qu'il valait encore mieux avoir du pain que des diamans, Les malheurs avaient formé ce Roi.

(19) *Alegrain* , excellent ſculpteur, Pendant tout un été , on courut à ſon attelier pour voir ſa ſtatue de Diane , qui eſt un chef-d'œuvre , & de laquelle quelques jeunes gens , dit – on , devinrent amoureux, quoiqu'elle fût de marbre.

(20) *Le beau Gabriel.* Il n'eſt point de peintre, qui ne cherche à exceller, en peignant le tableau de l'Annonciation, Ils aiment à repréſenter l'ange Gabriel , qui tout-à-coup parait aux yeux d'une jeune Vierge , montrant une jambe belle & nue ; une cuiſſe bien nourrie & toute nue ; un derriere à demi découvert, & une légere draperie voltigeant & couvrant à peine cette partie

de l'homme , qui dans un Ange , eſt
fort inutile ; mais dont les alentours
peuvent , en un ſeul clin d'œil , em-
braſer les ſens de toutes les vierges
juives & françaiſes.

J'ai été témoin de l'effet prodigieux
que dans l'égliſe d'un village près de
Paris , fit un pareil tableau ſur l'ima-
gination d'une demoiſelle bien née ,
ſage & vertueuſe juſqu'alors.

(21) *Sanir*. Les prophetes dans leurs
viſions parlent des ſapins de Sanir &
des chênes de Baſan. Ces chênes étaient
très – renommés ; mais un peu moins
que ceux de Dodone qui prophéti-
ſaient. Les prophéties de ces arbres ſont
tombées dans le diſcrédit. Chaque choſe
a ſon tems ; nous nous en tenons toujours à celles des grands & des petits
prophetes juifs.

(22) *Cinq anus d'or*. Dieu , pour
punir les Philiſtins de ce qu'ils rete-

naient

naient fon arche , les affligea d'hémor-
roïdes , & leur fit pourrir le derriere.
Pour fe délivrer de cette horrible maladie, ils lui offrirent cinq anus d'or.
Dieu fut fenfible à leur offrande & les
guérit. Cette offrande n'eft plus d'aucun prix aux yeux de Dieu. J'en ai
fait la trifte expérience.

(23) *Andreſi* eft un des villages des
plus rians des environs de Paris. Il eft
fitué au bas de la montagne du *Hauti*,
au confluant de l'Oife & de la Seine.
L'air d'Andrefi eft très-pur , fes vins
font bons , fes cerifes délicieufes , &
Mademoifelle de *Bourbon Condé* qui
l'habite , une princeffe adorable.

(24) *Sein Virginal.* Comment peut-
on appeller fein virginal le fein de
Madame la Ducheffe ? C'eft , fans
doute par un trope ou figure de rhéto-
rique dont j'ai oublié le nom. Le lec-
teur , qui fera curieux de le favoir ,

I

peut s'adreſſer à M. *Bauȝée* de l'Aca‑
démie françaiſe. Il n'en coûte que deux
ſous par la petite poſte, &, en vé‑
rité, pour une figure d'académie, deux
ſous ſont bien peu de choſe !

(25) *Chérubins*. Il n'eſt que trop or‑
dinaire de confondre les Chérubins
avec les autres puiſſances céleſtes;
c'eſt, comme ſi on confondait nos
grands Seigneurs à talons rouges &
les valets de pied du Prince.

Dans le ciel il y a des chérubins,
des ſéraphins, des anges, des archan‑
ges, des trônes, des dominations,
des potentats, des vertus, des forts,
des légers, des ſouffles, des flammes,
des étincelles, &c.

Si on veut s'inſtruire à fond de la
hiérarchie de ces êtres, on peut lire
l'ouvrage d'un docteur de Sorbonne
ſur les aîles des chérubins. Cet ouvrage
qui valut à ſon auteur le titre de
Docteur ailé, n'a que neuf volumes

in-folio : c'est le comble du génie
d'avoir en si peu de volumes dit tant
de choses, de si curieuses & de si utiles.

Les théologiens de Sorbonne ont,
ma foi, rendu de très-grands services
à l'état. Que Dieu & le Roi les main-
tiennent en leur garde contre ces
malheureux philosophes qui prétendent
qu'une frérie de cordonniers est encore
plus nécessaire dans Paris, que des
théologiens, qui disputent. ces
malheureux philosophes assurent
que M. *Parmentier*, qui a perfectionné
l'art de la boulangerie, vaut cent fois
plus que le *Docteur ailé* désirent
que les étables de Sorbonne soient
bientôt converties en un beau college
de medécine & de pharmacie.

St. Bonaventure a aussi beaucoup écrit
sur les chérubins & sur les séraphins.
Ce fut un chérubin, qui fut mis en
sentinelle à la porte du paradis terres-
tre, brandissant une épée flamboyante

pour empêcher *Adam* & *Eve* de rentrer dans ce séjour de délices.

C'était des chérubins, qui précédaient les roues myſtérieuſes, qu'Ezechiel vit ſous le firmament. Quand Dieu allait en voyage ; c'était ordinairement un chérubin, qui lui ſervait de monture, *aſcendit ſuper Cherubin & volavit* ; & c'eſt peut-être à cauſe de cela que le prophete donne aux chérubins le nom d'animaux, *animalia*.

Papa, diſait Voltaire dans ſon enfance, quelle eſt cette bête qu'un chérubin ? Y en a-t-il à la foire ? Quand il y en aura, je vous prie de m'en faire voir un.

(26) *Avec les cometes.* Nous avons un excellent traité, qui contient des choſes neuves & des vérités utiles en aſtronomie ſur les marches, les promenades & les courſes de ces aſtres ; mais il n'y eſt pas dit un mot, ni de leurs chevelures, ni de leurs queues,

ni de leurs danfes , & c'eft le feul dé-
faut que le pere *L'erthier* de l'oratoire
trouve à cet ouvrage fur les cometes.

L'auteur de cet ouvrage eft M.
Dionis du Séjour, Confeiller de Grand-
Chambre, Magiftrat auffi integre, auffi
judicieux, auffi paifible qu'Académicien
éclairé.

Je ne fais quel bon citoyen a dit,
que fi parmi les peres confcripts il y
en avait beaucoup qui le valuffent,
on ne défefpérerait pas du falut d'Ifraël.

(27) *Agag.* On fait que Saül qui, en
cherchant des âneffes, avait trouvé un
royaume, ufa de miféricorde envers
Agag, après l'avoir vaincu. Cette
miféricorde, comme on fait encore,
déplût à Dieu & à fon prêtre *Samuel*,
qui, pour réparer la faute de *Saül*,
coupa en petits morceaux fa majefté
Amalécite.

Voltaire a dit quelque part, que le
prêtre *Samuel* mit ce Roi *Agag* en

hachis : c'eſt-là une des petites gogue-narderies de ce grand'homme. Les meilleurs interpretes penſent au contraire, que *Samuel* en fit une fricaſſée avec une ſauſſe à la maître d'hôtel.

Quelques Jéſuites, tels que *Dina*, *Tambourinus* & *Gambacurta* ont bien prétendu que ſa majeſté *Agag* fut mis en haricot. Mais ce ſentiment n'a jamais été que probable, & même, depuis la deſtruction des Jéſuites, il eſt entiérement rejetté par les théologiens de Sorbonne. Voyez ce qu'en dit *Marcillot* dans le *Cuiſinier bourgeois*.

(28) *Cataractes*. Qu'entend – on par cataractes ? Qu'eſt - ce qu'un *Ciel* ? Qu'eſt-ce qu'un firmament ?

C'eſt-là le ſujet d'un prix, que nous propoſons aux érudits de toutes les univerſités, ſans en excepter les profeſſeurs du college de Tours, de Poitiers, de Bordeaux, de Toulon, de Nantes, de la Rochelle & de Clermont en Auvergne. Le prix fera un chérubin vivant, ou un chérubin en or du poids de mille francs. Les difcours écrits en français feront adreffés, francs de port, à M. le Marquis de *Condorcet*, Secrétaire de l'Académie des fciences de Paris.

(29) *On l'eut accufé d'être forcier.* Dans le quatorzieme fiecle un docteur de Sorbonne, nommé *Guillaume Edelin* & Prieur de St. Germain en Laye, eut une intrigue avec une jeune Dame de condition. Elle devint groffe. Le docteur de Sorbonne fut arrêté & accufé d'être forcier. On devait le faire brûler; mais il rachetta fa vie, en s'avouant coupable; en s'accufant d'avoir été au fabbath; d'y avoir adoré le diable fous la forme d'un bouc; de lui avoir baifé le derriere : enfin d'être un vrai forcier. Il en fut quitte après cette confeffion pour une prifon perpétuelle, & pour jeûner le refte de fa vie.

C'était s'en tirer à bon marché ! Il y a , ma foi , des gens heureux.

Depuis le docteur *Edelin* il n'y a plus de forcier en Sorbonne : c'est du moins le fentiment de maître *Ribaudier*, Syndic de ladite école.

F I N   D E S   N O T E S.